Glaubensinformation

Ladislaus Boros
Geborgene Existenz
Band 512 · · 128 Seiten

Heinrich Fries
Abschied von Gott?
Band 413 · · 128 Seiten, 4. Aufl.

Heinrich Fries
Von der Partnerschaft Gottes
Band 528 · · 128 Seiten

Joachim Illies (Hrsg.)
Die Sache mit dem Apfel
Band 447 · · · 176 Seiten, 3. Aufl.

Christa Meves
Die Bibel antwortet uns in Bildern
Band 461 · · 160 Seiten, 6. Aufl.

in der Herderbücherei

Glaubensinformation

Was bleibt von der Bibel?
Herausgegeben von Waldemar Immel
Band 484 · · 192 Seiten

Karl Rahner
Chancen des Glaubens
Band 389 · · 256 Seiten, 2. Aufl.

Helmut Thielicke
Theologisches Denken und
verunsicherter Glaube
Band 506 · 128 Seiten

Wer glaubt, denkt weiter
Briefkurs für fragende Menschen
Herausgegeben von der Projektgruppe
Glaubensinformation
Band 550 · · 176 Seiten

Wozu leben – wozu glauben?
Antwortversuche auf
drängende Erfahrungen in unserer Zeit
Band 524 : : : . 256 Seiten, 2. Aufl.

in der Herderbücherei

Herderbücherei

Band 574

Über den Autor

Karl Becker, geboren 1907, Studium der Theologie und Geschichte in Freiburg i. Br. und Tübingen; Dr. theol. und Päpstlicher Ehrenprälat. Vikar, Lazarettpfarrer, Religionslehrer, Begründer und 1. Hauptschriftleiter des „Fährmann", Studentenpfarrer in Freiburg i. Br. (1949–1953), Kirchl. Beauftragter am Südwestfunk (1946–1962), Leiter der Kath. Rundfunkarbeit in Deutschland und Mitglied der Päpstlichen Medienkommission (1954–1962). Professor für Kath. Theologie (Exegese, Kirchengeschichte) und Religionspädagogik an der Pädagogischen Hochschule in Karlsruhe (1962–1971). Mitglied des Beirats für Bildungsplanung im Kultusministerium Baden-Württemberg (1964–1970). Mitglied der Liturgischen Kommission der Erzdiözese Freiburg i. Br., Mitarbeiter am Einheitsgesangbuch „Gotteslob". Verfasser und Herausgeber folgender Bücher: Das heilige Vaterunser (Herder, 1957) (englisch), Wahrhaft selige Nacht (Herder, 1952) (englisch, französisch, italienisch, dänisch), Rundfunk und Fernsehen im Blick der Kirche (Knecht, 1957) mit Beiheften; Herausgeber des Pfarrblattes für die Erzdiözese Freiburg i. Br. Bekannter Rundfunkprediger (Radio Vatikan, Südwestfunk, Süddeutscher Rundfunk, Sender Freies Berlin, RIAS, Deutschlandfunk). Jetzt im tätigen Ruhestand in Ehrenkirchen-Kirchhofen i. Br.

Karl Becker

Der Gott der Hoffnung und der Freude

Herderbücherei

Originalausgabe
erstmals veröffentlicht als Herder-Taschenbuch

Herder Freiburg · Basel · Wien
Freiburger Graphische Betriebe 1976
ISBN 3-451-07574-1

Meinen Hörern und Lesern
gewidmet

Inhalt

Vorwort

Dieses Taschenbuch widme ich den vielen Lesern meiner Aufsätze in der Wochenschrift „Christ in der Gegenwart“ und den ungezählten Hörerinnen und Hörern meiner Ansprachen in verschiedenen Funkhäusern. Ich habe aus der Fülle der Manuskripte, die in den Jahren 1948–1975 entstanden sind, eine Auswahl getroffen, die über alles Zeitbedingte hinaus die Anliegen wiedergeben, die mich selbst immer neu bewegen und betreffen, die aber auch bei meinen Hörern und Lesern offensichtlich angekommen sind, wie es die oft sehr persönlichen Zuschriften bezeugen.

Immer hatte ich mich, zumal bei den Rundfunksendungen, nicht nur an den katholischen oder christlichen Empfänger gewendet, sondern versucht, möglichst viele Menschen guten Willens anzusprechen, und das scheint gelungen zu sein, wenn auch zuweilen ablehnende und kritische Antworten kamen, aus denen ich immer zu lernen suchte. Ähnliches gilt von dem Leserkreis der Zeitschrift „Christ in der Gegenwart“, einst „Der christliche Sonntag“, die ja von Anfang an offen war für ernsthafte Leser nicht nur aus dem Bereich der katholischen Kirche. So hoffe ich, daß ich dem mich schon lang vor dem Zweiten Vatikanischen Konzil so sehr bedrängenden Anliegen der Ökumene einen bescheidenen Dienst erweisen konnte.

Die Themen, die ich aus der Arbeit der letzten zehn Jahre auswählte, sollen hinführen zu dem „Gott der Hoffnung und Freude“ und sind gedacht als Begleiter auf dem Weg zu ihm, bis wir ihn schauen, „wie er ist“.

Die biblischen Zitate sind zumeist entnommen der Einheitsübersetzung der Heiligen Schrift (Kath. Bibelanstalt GmbH, Stuttgart); einige sind vom Verfasser selbst übersetzt.

Biblische Meditationen

Daheim beim Herrn

Voll Hoffnung und Freude, aber auch mit Spannung und Sehnsucht erwarten wir die Ankunft des Herrn. Ein Abschnitt aus dem 2. Brief des Apostels Paulus an die Gemeinde in Korinth soll uns helfen, besser zu verstehen, wie groß und umfassend unsere Hoffnung ist. Der Apostel schreibt: „Wir wissen ja, daß der, welcher den Herrn Jesus auferweckt hat, auch uns mit Jesus auferwecken und uns zusammen mit euch vor ihn hinstellen wird. – Deshalb erlahmen wir nicht; und wenn auch unser äußerer Mensch vernichtet wird, der innere wird Tag für Tag erneuert. Denn die kleine Last unserer gegenwärtigen Not schafft uns in maßlosem Übermaß ein ewiges Gewicht an Herrlichkeit, uns, die wir ja nicht auf das Sichtbare starren, sondern nach dem Unsichtbaren ausblicken; denn das Sichtbare ist vergänglich, das Unsichtbare ist ewig. Wir wissen: Wenn unser irdisches Zelt abgebrochen wird, dann haben wir eine Wohnung von Gott, ein nicht von Händen errichtetes ewiges Haus im Himmel. Und wir seufzen im gegenwärtigen Zustand und sehnen uns, mit dem himmlischen Haus überkleidet zu werden. So bekleidet, werden wir nicht nackt erscheinen. Solange wir nämlich in diesem Zelt leben, seufzen wir unter schwerem Druck, weil wir nicht entkleidet, sondern überkleidet werden möchten, damit so das Sterbliche vom Leben verschlungen wird. Gott aber, der uns gerade dazu geschaffen hat, er hat uns auch als ersten Anteil den Geist gegeben. Wir sind also immer zuversichtlich, auch wenn wir wissen, daß wir fern vom Herrn in der Fremde leben, solange wir in diesem Leib zu Hause sind; denn glaubend gehen wir unseren Weg, nicht schauend" (2 Kor 4,14 – 5,7). – Soweit der Text, der die Grundlage unserer geistlichen Besinnung sein soll.

Schauen wir zunächst auf uns selbst. Als Christen sind wir zwar wie andere Leute auch in diese materielle Welt hineingestellt. Wir haben einen Auftrag an ihr zu erfüllen. Wir sind mit ihr zutiefst verbunden, weil wir aus ihr stammen. Wir freuen uns über ihre Herrlichkeit und erschrecken vor ihrer Gewalt. Wir erleben das unermeßliche Weltall und empfinden unsere Grenzen tiefer denn je. Wir genießen die Güter dieser Erde und richten uns auf ihr ein. Aber wir wissen mit den Weisen aller Zeiten noch mehr als das. Ohne pessimistisch zu sein, bleibt uns die Welt doch fragwürdig. Sie ist nicht der letzte Wert, wir verlieren unser Herz nicht an sie. Wir wissen, daß es Leiden gibt in dieser Welt, Hunger, Nöte aller Art. Wir erleben, daß es Gewalt gibt und Unfreiheit, Unterdrückung und Vernichtung.

Wenn wir uns durch all diese Probleme hindurchquälen – und das müssen wir doch wohl tun, um das Leben bestehen zu können –, dann bleiben einige letzte Fragen offen, auf die keine Philosophie und Weltanschauung eine letztlich befriedigende Antwort geben kann. Da ist etwa die Frage nach dem Ursprung des Bösen, nach dem Sinn des Leidens, nach der Bedeutung des Todes. Wir Christen stehen, nochmals sei es betont, vor alledem genauso ratlos wie die andern Leute und können nur tastend nach Antwort suchen. Aber im Glauben erfahren wir, daß es eine befreiende und befriedigende Antwort gibt.

Ein Mann wie Paulus, der durch alle Höhen und Tiefen des Lebens gehen mußte, bezeugt uns, daß uns nichts erspart bleibt, weil auch dem Herrn unseres Glaubens das Kreuz und der Tod nicht erspart blieb. Aber eben im Blick auf Jesus, „den Urheber und Vollender des Glaubens“ (Hebr 12,2), erfahren wir, daß unser Leben einen letzten und tief beglückenden Sinn hat. Wir haben eingangs einen Text aus dem 2. Korintherbrief gelesen. Zu ihm wollen wir jetzt zurückkehren und ihn im einzelnen betrachten. Paulus, ein Mensch wie wir, von den gleichen Sorgen und Nöten geplagt wie wir und sicher noch mehr, stellt einen Satz heraus, der aufhorchen läßt: „Wir wissen, daß der (Vater), welcher den Herrn Jesus auferweckt hat, auch uns mit Jesus auferwecken wird.“ Diese Tatsache ist für Paulus sichere Glaubensgewißheit. Damit kann er leben und leiden und getrost sterben. So wie der „Vater des Erbarmens und der Gott allen Trostes“ (2 Kor 1,3) Jesus aus dem Tod in das neue, unvergängliche Leben gerufen hat, so wird er es auch mit uns tun. Das ist unsere tiefe Hoffnung, unsere feste Zuversicht. Mit Jesus auferweckt, werden wir mit Jesus leben.

Das aber bedeutet, daß wir bestimmt sind für eine persönliche Lebensgemeinschaft mit dem Herrn, der uns seine Freundschaft schenkt, einem jeden von uns in dem Maße, wie wir uns ihm geöffnet haben. Aber nicht nur jedem einzelnen, den er kennt, ihn bei seinem Namen ruft und ihm den neuen Namen der Erwählung gibt (Offb 3,12), ist er in Freundschaft verbunden – auch alle, die seinen Namen tragen, werden miteinander verbunden wie ein Leib, den sein Geist durchwaltet und sie zu Gliedern, zu Freunden, zu Brüdern und Schwestern macht. Das ist der Himmel, von dem die Heilige Schrift spricht. Wir wachsen in unsere große Zukunft hinein, in die Liebesgemeinschaft mit dem Vater durch Christus im Heiligen Geist, und in die Gemeinschaft der Liebe mit denen, die Gott lieben und als reife Frucht dieser Liebe ihre Brüder und Schwestern. Weil „Christus, der Erste der Entschlafenen, von den Toten auferstanden ist, so werden in Christus einst alle lebendig werden“ (1 Kor 15,20.22).

Aufgrund dieser Glaubensgewißheit kann Paulus schreiben: „Deswegen erlahmen wir nicht; und wenn auch unser äußerer Mensch vernichtet wird, der innere“ – mit Christus jetzt schon verbundene – „wird Tag für Tag erneuert.“ Biologisch gesehen, bauen wir ab; geistlich verstanden, bauen wir auf, besser: werden wir aufgebaut, hin zur Vollendung. Wir leben keinesfalls in ein Nichts hinein, sondern „erwarten den Retter, den Herrn Jesus Christus, der unseren armseligen Leib verwandeln wird in die Gestalt seines verherrlichten Leibes“, wie der gleiche Paulus im Philipperbrief schreibt (3,20f). Was wir jetzt durchmachen müssen, ist unter diesem Gesichtspunkt „kleine Last“, wenngleich sie uns oft so schrecklich zusetzen kann wie die Schmerzen einer Nervenentzündung oder einer Kolik. Wenn wir das Unabwendbare unseres äußeren Abbaus richtig annehmen, dann erwächst daraus „in maßlosem Übermaß ein ewiges Gewicht an Herrlichkeit“.

Der Apostel lenkt unseren Blick sodann auf das Wesentliche, weg vom Sichtbaren, Vergänglichen, hin zum Unsichtbaren, zum Ewigen. Gewiß kann auch das Sichtbare faszinierend sein; aber wir sollten immer besser verstehen lernen, daß es nur ein Abbild der ewigen Schönheit Gottes ist. Der weise gewordene Christ wird sich daran freuen, aber er wird sein Herz nicht an das Vordergründige verlieren. Vielleicht ist es heute, wo so viel von christlicher Weltverantwortung und vom Dienst an der Welt gesprochen wird, besonders notwendig, die klare Lehre des Herrn zu betonen: „Was nützt es einem Menschen, wenn er die ganze Welt gewinnt, dabei aber sein Leben verliert?“ (Mt 16,26). Und dazu das Wort des Paulus: „Gleicht euch nicht dieser Welt an!“ (Röm 12,2). Wir dürfen nie das eigentliche Ziel aus dem Auge verlieren. Ich bezweifle, ob dieses Ziel heißen kann: „Gott in Welt“, und glaube vielmehr, daß es heißen muß: „Welt in

Gott", will sagen: vom Sichtbaren zum Unsichtbaren, vom Vergänglichen zum Unvergänglichen, so wie es im 1. Korintherbrief steht: „Fleisch und Blut können das Reich Gottes nicht erben; das Vergängliche erbt nicht das Unvergängliche" (15,50). Das Entscheidende geschieht von Gott her; er wird uns umwandeln (ebd. 15,52). Wir sollten das 15. Kapitel des 1. Korintherbriefes immer wieder bedenken und durch seine Aussagen unser dunkles Dasein erhellen lassen, um – wie es im Epheserbrief heißt – mit den „Augen des Herzens" zu sehen, „damit ihr versteht, zu welcher Hoffnung ihr berufen seid, welchen Reichtum die Herrlichkeit seines Erbes den Heiligen schenkt und wie überragend groß seine Macht sich an uns, den Gläubigen, erweist durch das Wirken seiner Kraft und Stärke. Er hat sie an Christus erwiesen, den er von den Toten erweckt und im Himmel auf den Platz zu seiner Rechten erhoben hat" (1,18–20).

Paulus, der rastlose Wanderer, hat für diese unsere Hoffnung ein sehr sprechendes Bild: er redet von einer festen Wohnung, die Gott uns geben wird, von einem Haus, einem ewigen Haus im Himmel, das wir erhalten, wenn unsere irdische Zeltwohnung abgebrochen wird. Wir denken bei solchen Worten an den Ausspruch Jesu: „Im Haus meines Vaters sind viele Wohnungen" und an sein Versprechen: „Ich komme wieder und werde euch zu mir holen, damit auch ihr dort seid, wo ich bin" (Jo 14,2–3). Ein ewiges Haus, für immer daheim! Danach sehnt sich unser Herz in der Unruhe dieser Welt und Zeit.

Das Bild, das Jesus und Paulus gebrauchen, weist deutlich über sich selbst hinaus. Es geht nicht um eine stille Insel der Toten, um ewige Ruhe und ewigen Frieden, sondern um Gemeinschaft: ihr sollt dort sein, wo ich bin. Und er, Christus, ist beim Vater! Unser Ziel ist also nicht persönliche Ruhe, jeder ganz für sich, sondern Öffnung hinein in die Gemeinschaft. Für den antiken Menschen ist ja Haus vor allem verbunden mit der Wirklichkeit der Stadt, nur dort kann er einigermaßen gesichert leben, weil er eben in der Gemeinschaft lebt, die ihn stützt und trägt.

Jetzt aber hausen wir noch im Zelt und begreifen den Paulus gut, wenn er schreibt: „Solange wir nämlich im irdischen Zelt leben, seufzen wir unter schwerem Druck, weil wir nicht entkleidet, sondern überkleidet werden möchten." Das will heißen: Wir möchten am liebsten nicht sterben, sondern ohne Tod in das ewige Haus einziehen. Es ist schon so, wie Karl Hermann Schelkle schreibt: „Der Tod ist nicht der Freund des Menschen, sondern er ist als Zerstörer des Lebens immer der Feind. Der

Mensch wünscht darum sehnsüchtig, daß er das Leben nie verlöre, sondern, ehe er das irdische verliert, neues, unendliches Leben dazugewänne; daß also das, was sterblich ist, nicht sterben müßte, sondern eine erlösende Verwandlung zum Leben erfahren würde."[1]

Aber das bedrückte Seufzen ist wiederum nicht das letzte, sondern wir wissen als Christen, daß Gott uns bereits das Angeld des ewigen Lebens, der ewigen Heimat gegeben, den Geist, der unsere Schwachheit stärkt und die Zuversicht schenkt, daß an uns Gleiches geschieht wie an Jesus dem Messias.

„Wir sind also immer zuversichtlich", schreibt Paulus und fügt dann in einem unübersetzbaren Wortspiel einige Gedanken an, die um das Thema daheim und in der Fremde kreisen. Solange wir in diesem Leben und diesem Leib „daheim" sind, sind wir Christus gegenüber „in der Fremde", wenn auch keineswegs verbannt und vergessen. Aber wir möchten doch am liebsten mit Paulus aus dem Leid als dem Inbegriff des Vergänglichen auswandern, um unser eigentliches Ziel zu erreichen: daheim zu sein beim Herrn. Dennoch sind wir voll Zuversicht: „Wir werden ihn sehen, wie er ist" (1 Jo 3,2). „Treu ist Gott, durch den ihr berufen worden seid zur Gemeinschaft mit seinem Sohn" (1 Kor 1,9), schreibt der Apostel, und im 1. Thessalonicherbrief spricht er über die Glaubensgewißheit der Christen angesichts des Todes: „Ihr sollt ja nicht trauern wie die andern, die keine Hoffnung haben. – Wir werden immer beim Herrn sein. Tröstet einander also mit diesen Worten" (1 Thess 4,13.17–18).

Wir wollen diese geistliche Besinnung abschließen mit einem Lied aus dem Hochmittelalter, das uns der Freiburger Münsterdekan Heinrich von Laufenberg im Jahre 1430 geschenkt hat:

„Ich wollt, daß ich daheime wär
und aller Welte Trost entbehr.

Ich mein daheim im Himmelreich,
da ich Gott schaue ewiglich.

Denn alle Welt ist dir zu klein,
du kommest denn erst wieder heim.

Wohlauf, mein Herz und all mein Mut,
und such das Gut ob allem Gut!

Du hast doch hier kein Bleiben nicht,
obs morgen oder heut geschicht."

Auch ohne Hoffnung?

Hoffnungslosigkeit und Ratlosigkeit sind Zeichen unserer Zeit. Zu schmerzlich erfährt der Mensch trotz aller Erfolge seine Grenzen. Es gibt nichts in der Welt, worauf wir fest bauen und zuversichtlich hoffen können. Wir dürfen uns keinen Selbsttäuschungen hingeben. Wenn wir von Hoffnung sprechen, gebrauchen wir ein Wort, dessen Bedeutung problematisch geworden ist.

Rolf Hochhuth berichtete einmal über die letzten Wochen des Philosophen Karl Jaspers. Er habe zu ihm gesagt: „Sie selber sind ja ohne Hoffnung!" Darauf habe ihn Jaspers angeschaut, sich im Bett aufgerichtet und mit Leidenschaft geantwortet, so daß ihm Tränen in die Augen kamen: „Aber das darf man nicht zeigen! Man darf sich doch nicht zurückfallen lassen. Man muß doch den Sprung wagen, auch ins Dunkle, auch ohne Sicherheit, auch ohne Hoffnung. Hoffnungslosigkeit hilft doch keinem Menschen." Diesem ergreifenden Zeugnis eines großen Mannes werden wohl viele Menschen von heute zustimmen, auch Christen. Wir müssen das ehrlich zugeben. Sie verdecken und verstecken ihre innere Hoffnungslosigkeit unter vielerlei Gesichtern und trügerischen Masken.

Man hat wohl mit Recht dem letzten Konzil den Vorwurf gemacht, es sei gar zu optimistisch in seinen Hoffnungen gewesen, besonders in der Pastoralkonstitution über die Kirche in der Welt von heute. Auf jeden Fall ist christliche Hoffnung nicht gleichbedeutend mit rein innerweltlichen Erwartungen: auf Erfolg, auf Wohlstand, Glück und Frieden. Hoffnung im Verständnis der Heiligen Schrift ist grundsätzlich umfassender und bekommt ihre eigentliche Kraft gerade dann, wenn alle anderen „Hoffnungen" schwinden.

Es wäre gut, wenn wir für solche Krisenzeiten ein kleines Heft zur Hand hätten mit Worten der Hoffnung aus dem Alten und Neuen Testament, gefüllt mit Stellen aus den Psalmen, dem Gebetbuch der Hoffnung und des Vertrauens, erweitert mit Texten etwa aus den Paulusbriefen, in denen die Hoffnung mit dem alles überwindenden Glauben an Jesus Christus und seine Auferstehung begründet wird.

Im Sterbegebet Jesu, dem Psalm 31, heißt es: „Ich aber, Herr, ich vertraue dir, ich sage: ‚Du bist mein Gott!'“ (V. 15). Im hebräischen Urtext steht da ein Wort, das bedeutet: sich auf Gott verlassen, sich bei ihm geborgen, sich bei ihm sicher fühlen.

Genau das meint die Hoffnung des glaubenden Menschen. Der Beter des Alten Bundes kennt die Geschichte Gottes mit seinem Volk und kann darum sprechen: „Dir haben unsere Väter vertraut, sie haben vertraut, und du hast sie gerettet“ (Ps 22,5). Auch dieser Psalm gehört zum Gebet Jesu am Kreuz. Menschlich gesehen, war er um alle Hoffnung betrogen, wie denn auch gerade dieser Psalm mit dem verzweifelten Aufschrei beginnt: „Mein Gott, mein Gott, warum hast du mich verlassen?“ Mattäus läßt die Gegner Jesu unter dem Kreuz höhnisch aus diesem Psalm zitieren: „Er hat auf Gott vertraut: der soll ihn jetzt retten, wenn er ihn liebt“ (27,43, vgl. Ps 22,9).

Aber gerade das ist mit biblischer Hoffnung gemeint: Gegen alle Hoffnung auf Hoffnung setzen – Abraham ist dafür das gültige Beispiel (vgl. Röm 4,18) – und so noch im Untergang zu wissen: Ich fühle mich sicher bei Gott, denn er ist der absolut Treue, Zuverlässige; er ist die einzige sichere Stütze meines Lebens. Augustinus ließ sich vor seinem Tod in großen Buchstaben die sieben Bußpsalmen an die Wände seines Zimmers heften. Auf dem Boden liegend, in völliger Einsamkeit, hat er sie wieder und wieder gebetet. Dabei waren auch solche Sätze wie: „Auf dich, Herr, habe ich gehofft“; „Meine Seele hat auf den Herrn gehofft“; „Auf dich habe ich gehofft, denn du bist mein Gott.“

Im Römerbrief heißt es am Anfang des 5. Kapitels: „Gerecht gemacht aus Glauben, haben wir Frieden mit Gott durch unsern Herrn Jesus Christus. Durch ihn haben wir auch Zugang zu der Gnade erhalten, in der wir stehen, und rühmen uns unserer Hoffnung, mit der wir der Herrlichkeit Gottes entgegengehen. Diese Hoffnung aber läßt nicht zugrunde gehen“ (5,1–2.5a). Der letzte Halbvers ist ein Zitat aus Psalm 22, dem schon erwähnten Gebet Jesu am Kreuz. Paulus hat eine neue Weise der Hoffnung persönlich erfahren: sie gründet auf dem Glauben an Jesus Christus, der vom Vater von den Toten auferweckt und zu seiner Rechten erhöht worden ist.

Das ist für den Apostel der größte Machterweis Gottes und

die sicherste Bürgschaft für seine Hoffnung. „An diese Hoffnung ist unsere Rettung gebunden“ (Röm 8,24), wenn wir auch noch nicht sehen können und geduldig warten müssen, bis wir „von Angesicht zu Angesicht schauen“ (1 Kor 13,12).

Mit einer solchen Hoffnung läßt sich aber nicht nur zuversichtlich sterben, mit ihr kann man auch fröhlich leben (Röm 12,12). Sie gibt unserem Leben einen unerschütterlichen Halt, eine innere Festigkeit, auch und gerade wenn wir in Bedrängnis geraten. Die Hoffnung des Christen gehört wie Glaube und Liebe zum Bleibenden, keinem Untergang Preisgegebenen, denn unser Gott ist der Vater unseres Herrn Jesus Christus, „der Gott der Geduld und des Trostes, der Gott der Hoffnung“, zu dem Paulus betet, daß er uns „durch den Glauben mit aller Freude und mit allem Frieden erfülle, damit wir reich werden an Hoffnung in der Kraft des Heiligen Geistes“ (Röm 15,5.13).

Wir glauben, weil wir lieben

Wir wollen nachdenken über unsern Glauben, und zwar in seinem Zusammenhang mit Jesus Christus, den der Verfasser des Hebräerbriefes „den Urheber und Vollender des Glaubens" nennt (12,2).

Dieses Wort ist schwer zu verstehen. Es gibt Ausleger des Briefes, die bei aller Ehrfurcht vor dem Geheimnis Christi, der Gott und Mensch zugleich war, doch meinen, auch der Mensch Jesus habe genauso glauben müssen wie wir, ja noch viel tiefer, da von ihm die letzte Hingabe an den Willen des Vaters gefordert wurde. Der Hebräerbrief stellt den Satz in der Tat in einen Zusammenhang, der solches zu denken erlaubt. Nach einem überwältigenden Blick auf die Glaubenden des Alten Bundes, die allesamt durch schwere Prüfungen hindurch mußten, schreibt der Verfasser: „Da uns eine solche Wolke von Zeugen umgibt, wollen wir alle Last und die Fesseln der Sünde abwerfen und mit Ausdauer in dem Wettkampf laufen, der uns bestimmt ist, im Aufblick zu Jesus, dem Urheber und Vollender des Glaubens, der angesichts der vor ihm liegenden Freude das Kreuz auf sich nahm, ohne auf die Schande zu achten, und sich zur Rechten des Thrones Gottes gesetzt hat. Denkt an den, der von den Sündern solchen Widerstand gegen sich erduldet hat; dann werdet ihr nicht ermatten und den Mut verlieren" (12,1–3). Soweit der Text des Hebräerbriefes.

Urheber und Vollender des Glaubens ist Jesus dadurch geworden, daß er die Last des Kreuzes auf sich nahm, die Schmach der öffentlichen Hinrichtung als Gotteslästerer, das heißt als Ungläubiger. Sosehr die Leidensweissagungen Jesu betonen, daß sich an ihm die Schrift des Alten Bundes erfüllen müsse und sosehr die Passionsberichte der Evangelisten den Sieg Jesu über den Tod verkünden, so kann doch nicht übersehen werden, wie ungemein der Mensch Jesus angefochten war, bedrängt, in die äußerste Not gestoßen angesichts seines Schickals und Endes.

Der Bericht der Synoptiker etwa über den inneren Kampf Jesu am Ölberg, über sein Entsetzen und seine Qual vor dem unverschuldeten Tod, über seine Bitte an den Vater, daß diese Stunde, wenn es möglich sei, an ihm vorübergehen möge, ist doch – rein menschlich gesehen – ein Bericht über eine Glaubensprobe, der sich der Mensch Jesus unterziehen mußte, wie sie härter nicht gedacht werden kann. Und erst recht der Tod am Kreuze selbst. In dem urkirchlichen Christushymnus, den Paulus in den Philipperbrief eingearbeitet hat, heißt es nicht umsonst, daß der Gottgleiche „uns Menschen gleich ward. Sein Leben war das eines Menschen; er erniedrigte sich und war gehorsam bis zum Tod, bis zum Tod am Kreuz" (2,7–8). Im Gehorsam des Glaubens hat Jesus gesprochen: „Abba – Vater! Alles ist dir möglich. Nimm diesen Kelch von mir! Aber nicht, was ich will, sondern was du willst, soll geschehen" (Mk 14,36). Der Hebräerbrief greift diese urapostolische Überlieferung auf und schreibt: „Als Christus auf Erden lebte, hat er Gebete und Bittrufe mit lautem Schreien und mit Tränen vor den getragen, der ihn aus dem Tode retten konnte, und ist seiner Ehrfurcht wegen erhört worden. Obwohl er Sohn war, hat er durch Leiden den Gehorsam gelernt" (5,7–8).

Das ist ein Schlüsselwort, das uns weiterführen kann: „Obwohl er der Sohn war, hat er durch Leiden den Gehorsam gelernt." Wie anders hätte er aber Gehorsam vollziehen können, wenn nicht im tiefen Glauben? In jenem Glauben, der dem Vater vertraut, daß er ihn auch aus dem Tod erretten kann, wenn er ihn schon nicht vor dem Tod bewahren will? Damit aber ist Jesus für uns Urheber des Glaubens geworden. Glaube hat es immer mit dem unbegreiflichen Wesen Gottes zu tun. Auch wenn wir wissen, daß Gott der Vater ist, die Liebe, der Barmherzige, bleibt er doch der Unbegreifliche, der mindestens einmal entscheidend in unser Leben eingreift, in der Stunde des Todes. Wenn wir offen genug sind, erfahren wir aber in steigendem Maße, daß er uns im Glauben immer neu zum Gehorsam ruft, daß er uns prüft oder, wie das biblisch heißt, versucht. Damit bringt er uns aber in die Lage seines Sohnes Jesus, unseres Hohenpriesters, das heißt dessen, der zwischen dem Vater und uns vermittelt. Von ihm heißt es wieder im Hebräerbrief: „Wir haben ja nicht einen Hohenpriester, der nicht mit uns leiden könnte in unseren Schwächen, sondern einen, der wie wir in allem versucht worden ist, aber nicht gesündigt hat" (4,15). Versuchung aber zielt immer ab auf tieferen Gehorsam, festeren Glauben.

So nachdrücklich das Neue Testament betont, daß Jesus der Sohn Gottes ist, dem wir glauben müssen, wenn wir die Gemeinschaft mit Gott jetzt und ewig erlangen wollen, ebenso nachdrücklich betont es die volle menschliche Natur Jesu. Weil aber Jesus wirklicher Mensch war, gab es Stunden in seinem Leben, in denen er vom Vater geprüft wurde und die er nur im Glauben, in dem tiefen Vertrauen, daß der Vater den Sohn liebt, bestehen konnte. Mit Jesus beginnt eine neue Art des Glaubens, die höchste, deren der Mensch fähig ist: ich glaube, weil Gott mich liebt und weil ich ihn liebe. Der Glaube des Frommen im Alten Bund war gegründet auf Gottes Treue und Wahrhaftigkeit. Unser Glaube aber ist darüber hinaus begründet in der Liebe des Vaters zu uns, die in Jesus Christus offenkundig wurde. Weil der Vater ihn als seinen Sohn, den geliebten, aus dem Tod errettet und ihn zu sich erhöht hat, hat sich die Liebe Gottes als der Grund des Glaubens Jesu enthüllt. Der Glaube des Menschen Jesus ist gleichbedeutend mit der Liebe des ewigen Sohnes zum Vater. Solchen Glauben dürfen auch wir als Söhne und Töchter Gottes, als Brüder und Schwestern Jesu haben. Damit ist Jesus der Urheber unseres Glaubens, denn „wir glauben, weil wir lieben“, wie Kardinal John Henry Newman sagt.

Jesus ist aber auch der Vollender unseres Glaubens. Aus den bisherigen biblischen Überlegungen wurde schon deutlich, daß Jesus die Versuchung nicht nur im Glaubensgehorsam bestanden hat, sondern daß sein Gehorsam auch der Grund dafür war, daß der Vater ihn zu seiner Rechten erhöhte. Der bereits erwähnte Christushymnus des Philipperbriefes sagt das ausdrücklich: „Darum hat ihn Gott über alle erhöht und ihm den Namen verliehen, der jeden Namen übertrifft, damit vor dem Namen Jesu alle Mächte im Himmel, auf der Erde und unter der Erde ihre Knie beugen und jede Zunge bekennt: Herr ist Jesus Christus, zur Ehre Gottes, des Vaters“ (2,9–11). Damit ist auch uns als Glaubenden das Ziel angegeben: die Vollendung mit Christus. Wir glauben ja nicht blind auf ein Ungewisses hin, sondern wir wissen – um mit dem Epheserbrief zu sprechen –, „zu welcher Hoffnung wir durch ihn berufen sind, welchen Reichtum die Herrlichkeit seines Erbes den Heiligen schenkt und wie überragend groß seine Macht sich an uns, den Gläubigen, erweist, durch das Wirken seiner Kraft und Stärke. Er hat sie an Christus erwiesen, den er von den Toten erweckt und im Himmel auf den Platz seiner Rechten erhoben hat“ (1,18–20). Wenn wir glauben, weil wir lieben, dann wissen wir, daß wir als die vom Vater Geliebten auch die Vollendung des Glaubens erfahren werden, wenn der Glaube übergeht in die Schau und „wir Gott sehen werden, wie er ist" (1 Jo 3,2). Das ist jetzt noch verborgen, und wir müssen den Weg des gehorsamen Jesus gehen. Aber so wie in ihm trotz aller Versuchungen der Sohn immer den Vater erkannte (Mt 11,27), so ist jetzt schon der Glaube auch für uns verbunden mit der kommenden Vollendung, der wir getrost entgegengehen dürfen, weil wir von Jesus angenommen sind als seine Brüder.

Hören wir dazu noch einmal den Hebräerbrief, und zwar eine Stelle, die ausdrücklich die Gottesherrlichkeit Jesu betont: „Wir sehen Jesus um seines Todesleidens willen mit Ehre und Herrlichkeit gekrönt; so war es Gottes gnädiger Wille, daß er für jeden den Tod gekostet hat. Denn es geziemte Gott, für den alles und durch den das All ist und der viele Söhne zur Herrlichkeit führen wollte, den Urheber ihres Heils durch Leiden zu vollenden. Denn der, der heiligt, und sie, die geheiligt werden, stammen alle von Einem ab; darum scheut er sich nicht, sie *Brüder* zu nennen" (2,9–11). In diesem Text leuchtet der Bruderdienst und die Bruderliebe Jesu auf, denn er hat den Tod für einen jeden von uns gekostet, das heißt, er hat uns in die schwerste Stunde seines Lebens einbezogen und uns damit die Kraft gegeben, auch unseren Tod im Glauben zu bestehen. So wie er sich im Leiden vollendete, führt er auch uns zur Herrlichkeit. Der Weg zur Vollendung des Glaubens geht auch bei uns durch Versuchung, Leid, Kreuz und Tod. Aber wir sind nicht allein. Er nennt uns seine Brüder, und wir sind es, wenn wir seinem Beispiel folgen. Er läßt uns nicht allein in unseren Anfechtungen und Glaubensnöten. Von ihm heißt es: „Darum mußte er in allem den Brüdern gleich sein, um ein barmherziger und treuer Hoherpriester vor Gott zu sein und die Sünden des Volkes zu sühnen. Da er selbst Versuchung erlitten hat, kann er denen helfen, die versucht werden" (2,17–18). Wenn wir das alles bedenken, dann bekommt der so bedrohte Glaube der Christen von heute eine neue Kraft und Festigkeit. Gerade weil Jesus der Urheber unseres Glaubens ist, der sich letztlich auf der Liebe gründet, und weil er zugleich auch der Vollender des Glaubens ist, dürfen auch wir seinem Wort an Marta vertrauen: „Wenn du glaubst, wirst du die Herrlichkeit Gottes schauen" (Jo 11,40). So wollen wir auch mit Marta bekennen: „Ja, Herr, ich glaube, daß du der Messias bist, der Sohn Gottes" (Jo 11,27).

Was ist mit der Demut?

Vor fast 150 Jahren schrieb der Tübinger und spätere Freiburger Professor Johann Baptist Hirscher: „Die Demut ist die wahre und tiefste Heiligung der Seele.“[2] Max Scheler nannte sie „die christliche Tugend katexochen“[3]. Wenn wir das Wort aufschlüsseln, dann erfahren wir, daß es eigentlich heißt: Mut, Entschlossenheit zum Dienst. Zum Dienst vor Gott, zum Dienst an den Mitmenschen. Wenn Hirscher und Scheler recht haben, dann überrascht es aufs erste, daß Jesus so selten, nur fünfmal, von der Demut sprach. Aber das war nicht nötig, denn er lebte unter seinen Zeitgenossen als einer, „der bedient“ (Lk 22,27), als vollendetes Modell für alle, die sich in seine Nachfolge begeben.

Es tut uns gut, diese „christliche Tugend schlechthin“ einzuüben und immer aufs neue zu bedenken. Dafür sei ein Spruch Jesu zum Meditieren angeboten, den Mattäus und Lukas der Spruchsammlung entnommen und an drei sehr verschiedenen Stellen ihrer Evangelien eingesetzt haben. Aber gerade aus dem jeweiligen Zusammenhang wird deutlich, daß es dem Herrn tatsächlich um eine tiefgreifende Veränderung unseres von Natur aus eigensüchtigen Verhaltens geht, um einen Vorgang, der zutiefst mit dem der Umkehr, dem Umdenken zusammenhängt, ohne den Jüngerschaft und Nachfolge Jesu unmöglich sind.

Der Spruch lautet: „Wer sich selbst erhöht, wird erniedrigt, und wer sich selbst erniedrigt, wird erhöht werden.“ Was hier mit „erniedrigt“ wiedergegeben ist, hat in der biblischen Sprache die Bedeutung von „ver-demütigen“. Bei Mattäus steht der Spruch in der großen Abrechnung Jesu mit den sicher frommen und gesetzestreuen, aber ebenso selbstgerechten Schriftgelehrten und Pharisäern. Wir sollten dazu das ganze 23. Kapitel lesen und uns seinem erschütternden Ernst stellen. Ich gestehe offen: Wenn ich die Verse 1–12 der Gemeinde vorlesen muß, schäme ich mich jedesmal tief und fühle mich getroffen, wenn ich lese: „Der Größte von euch soll euer Diener sein. Wer sich selbst erhöht, wird erniedrigt." ... „Denn sie reden, handeln aber nicht danach!" Jesus stellt hier das auch dem alttestamentlichen Frommen wohlvertraute Wort von der Selbstverdemütigung vor Gott, das heißt: die rechte Einsicht in meine wirkliche und völlige Abhängigkeit von ihm, in einen neuen Zusammenhang. Diese Bestimmung meiner Existenz vor Gott hat auch ihre Folgen für meine Beziehung zur menschlichen Gemeinschaft und zur christlichen Bruderschaft, die geradezu von meiner und aller Entschlossenheit zum Dienst leben. Scheler weitet das noch aus: „Demut ist ein stetiges inneres Pulsieren von geistiger Dienstbereitschaft gegen alle Dinge."[4] Darüber nachzusinnen lohnt sich.

Lukas verwendet den Ausspruch Jesu zweimal. Da ist zuerst die Beispielerzählung Jesu über die ersten und die letzten Plätze. Wieder ist unser mitmenschliches Verhalten der Maßstab für das göttliche Urteil über uns. Gott ist der Gastgeber im Gleichnis. Er vergibt die Plätze nach seiner Kenntnis des menschlichen Herzens und läßt den unten Sitzenden auf den Ehrenplatz aufrücken, den von sich eingenommenen, auf seine Ehre bedachten Gast aber ans Ende der Tafel sitzen (Lk 14,7–14).

Wenn der Grundstil der ganzen Bibel die „Erzählung" ist, dann geht diese Erzählung bei Lukas uns alle an. Wir müssen sie dann folgerichtig in unser Leben übersetzen und übernehmen, was uns ebensowenig leichtfällt wie die vermeintlich falsche Sitzordnung bei einem Festessen. Was Jesus meint, steht am Ende des Evangelienabschnitts. Aber wer tut das schon: „Arme, Krüppel, Lahme und Blinde" einladen? Auch hier muß ich mich schämen, wenn ich es vorlese. Der Scheck für den Caritasverband ist bequemer, aber das innere Unbehagen bleibt.

Lukas verbindet den beunruhigenden Spruch Jesu noch einmal als Abschluß der Beispielerzählung Jesu, deren Adressaten er so vorstellt: „Einigen, die davon überzeugt waren, gerecht zu sein, und alle anderen verachteten, erzählte Jesus dieses Beispiel" (18,9–14). Und dann kommt die wohlbekannte Geschichte vom Gebet des Pharisäers und des Zöllners im Tempel. Der Zöllner – und mit ihm müssen wir uns gleichstellen – drückt in seinem sehr kurzen Gebet seine tiefe Demut aus. Er erkennt sich als Sünder, ohne Abstrich, ohne Berufung auf seine Leistungen, und trifft damit den Kern seines Wesens. In seiner Demut liefert er sich völlig seinem Gott aus, der ihn ohnehin bis in die letzten Falten seines Herzens hinein kennt, der ihn aber auch deswegen recht, gerecht macht, recht-fertigt. Der Mann „kehrte als Gerechter nach Hause zurück." Dann folgt der Spruch, über den wir in dieser Betrachtung nachdenken. Dieses Mal liegt die Betonung ganz auf dem Verhalten vor Gott. Auch das geht uns sehr persönlich an. Bernhard Häring schreibt, die Demut sei „die Tugend des geschöpflichen Standortes"[5]. Solche Standortbestimmung ortet und ordnet unser Leben. Erst dann sind wir fähig zur Partnerschaft mit Gott, wie sie uns der gleiche Jesus gezeigt hat. Nur wer sich kennt und zu erkennen gibt, kann lieben und sich lieben lassen.

Wovon Jesus spricht, dafür ist er das Vorbild. In dem sogenannten „Heilandsruf" (Mt 11,28–30) lädt er ausdrücklich dazu ein, von ihm Sanftmut oder Güte zu lernen, wie immer man das übersetzen will, und Demut. An diesem letzten Wort sollte man aber nicht herumdeuteln und es dem heutigen Menschen schmackhafter machen wollen, indem man es mit „selbstlos" übersetzt (Einheitsübersetzung der Heiligen Schrift). Mit dem Wort demütig verschwindet dann auch bald der Sinn für Demut; das aber wäre in der Tat ein unersetzlicher Verlust. Nochmals Bernhard Häring: „Demut ist eine christliche Kardinaltugend."[6]

Gehorsam im Leiden

Der religiöse Begriff „Gehorsam“ erfährt heute oft eine Umdeutung, wenn nicht gar Ablehnung. Wir wollen uns deshalb „im Glauben unter das Wort stellen“. Ob es sich „kraftvoll und schärfer erweist als jedes zweischneidige Schwert, durchdringend bis zur Scheidung von Seele und Geist, von Gelenk und Mark, richtend über die Regungen und Gedanken des Herzens“ (Hebr 4,12)? Unter diesen Voraussetzungen wollen wir den Text aus dem eben erwähnten Brief an die Hebräer bedenken: „Als Christus auf Erden lebte, hat er Gebete und Bittrufe mit lautem Schreien und mit Tränen vor den getragen, der ihn aus dem Tod retten konnte, und ist seiner Ehrfurcht wegen erhöht worden. Obwohl er Sohn war, hat er durch Leiden den Gehorsam gelernt; zur Vollendung gelangt, ist er für alle, die ihm gehorchen, Urheber des ewigen Heils geworden“ (5,7–9).

Zweimal wird in diesem Abschnitt des formvollendeten Lehrschreibens eines Seelsorgers im späten ersten Jahrhundert das Wort *Gehorsam – gehorchen* verwendet, von Christus, dem Sohn Gottes, und von uns, die wir ihm nachfolgen. Die Christen, an die sich der Verfasser wendet, haben offenbar mit vielen und ernsten Glaubensnöten zu ringen. Das klingt immer wieder in den Mahnungen durch, die sich unschwer auch auf uns Christen von heute anwenden lassen. Immer wieder wird aber auch Christus als verbindliches Vorbild den Gläubigen vor Augen gestellt, damit sie sich nach ihm richten können.

So ist auch in unserem Text von Christus als dem Vorbild des Gehorsams im Glauben die Rede. Offensichtlich bezieht sich die Stelle auf die Todesangst Christi am Ölberg, von deren erschütterndem Ausbruch uns die drei ersten Evangelien berichten. Der Hebräerbrief erinnert uns an seine Gebete und Bittrufe, an sein lautes Schreien und an seine Tränen. Ganz gewiß hat sich Jesus damit in die Reihe aller von Leid und Not gequälten Menschen eingefügt, aber doch ist er „einsam auf Erden“, wie Blaise Pascal in seinem „Mysterium Jesu" schreibt: „Nicht nur, daß niemand seine Qualen mitfühlt und teilt, sondern niemand weiß auch nur von ihnen: der Himmel und er allein wissen darum."

In seiner Einsamkeit und Verlassenheit wendet er sich an den Vater mit jenem nie genug zu bedenkenden Aufschrei: „Abba, Vater, alles ist dir möglich. Nimm diesen Kelch von mir! Aber nicht, was ich will, sondern was du willst, soll geschehen" (Mk 14,36). Der Hebräerbrief fügt einen Satz hinzu, der von einem letzten, aus dem Glauben gewonnenen Verstehen zeugt: „Und er ist seiner Ehrfurcht wegen erhört worden!" Gewiß blieb ihm der Tod mit all seinen Schrecken nicht erspart, und er mußte den Kelch ganz trinken – bis zur Gottverlassenheit, die der Verdammte erfährt; aber er ist nicht bei den Toten geblieben, sondern ist „von den Toten auferweckt worden, der Erste der Entschlafenen" (1 Kor 15,20).

Der Vater hat sein Rufen erhört, aber so, daß sich im Leiden und Sterben Jesu der heilige Wille Gottes erfüllte, dem sich der Sohn bereits bedingungslos unterworfen hatte. Das allerdings ist das „Mysterium Jesu" im Sinne Pascals und der biblischen und kirchlichen Überlieferung, das Geheimnis, das wir denkend nie durchdringen könnten, das aber sehr wohl unser Leben und Sterben erhellt.

Der Gehorsam, den der Mensch Jesus leistete, „obwohl er Sohn war", ist nicht Gehorsam aufgrund von Einsicht, sondern Hingabe im Glauben, der mehr weiß als die Vernunft und viel überzeugendere Gründe hat, als menschliche Klugheit ahnt. Gehorsam im religiösen Sinn ist immer ein Akt des Glaubens, wie zahllose Stellen der Heiligen Schrift und nicht zuletzt des Hebräerbriefs beweisen. Er sagt ja, Jesus sei „der Urheber und Vollender unseres Glaubens" (12,2). Der französische Neutestamentler Joseph Bonsirven schreibt in seiner Erklärung dieses Briefes: „Die Versuchungen, die er durchmachen wollte, haben auf sein menschliches Gefühlsleben eingewirkt, und so verstanden, hat er die Prüfungen des Glaubens auf sich genommen. Wie wir stand er vor Leiden, die er im Blick auf eine zukünftige Herrlichkeit tragen sollte; diese aber würde er nur durch die Annahme des Schmerzes erlangen. Grausam hat er den Stachel der Angst und der Furcht gespürt; bis auf den bittersten Grund hat er den Kelch geleert."[7] Der Hebräerbrief selbst führt noch einen weiteren Grund an, der gerade uns heutigen Menschen besonders anspricht: Daß der Sohn Gottes durch Leiden den Gehorsam lernte, macht ihn „in allem den Brüdern gleich", also uns. „Da er selbst Versuchung erlitten hat, kann er denen helfen, die versucht werden" (2,17–18). Otto Kuß schreibt: „Was für ein mächtiger Trost, der gerade aus dem strömt, was für den unerleuchteten Blick entscheidender Anstoß ist!"[8]

Durch seinen Gehorsam im Glauben und Leiden also ist Jesus zur Vollendung gelangt und kann seinen hohepriesterlichen Dienst für alle die tun, die ihm so gehorchen, wie er dem Vater gehorcht hat. Dieser Dienst des Hohenpriesters Jesus Christus ist eine Grundaussage des Hebräerbriefs und bedeutet in unserem Zusammenhang, daß er für uns der „Urheber des ewigen Heils geworden ist". An einer anderen Stelle des gleichen Briefes heißt es: „Darum kann er auch für immer jene retten, die durch ihn vor Gott hintreten; denn er lebt allezeit, um für sie einzutreten" (7,25). Das aber ist die Gewißheit des Glaubens, die uns im Leiden ausharren läßt.

Angenagelt am Kreuz des Herrn

„Im Kreuz ist Heil!" Dieser Satz trifft die Mitte des christlichen Selbstbewußtseins, denn weder Jesus noch seine Verkündigung, noch das Leben seiner Jünger können ohne das Wort vom Kreuz verstanden werden. Es gehört zum Kern des christlichen Glaubens. Nur dann kann man Jünger Jesu sein, wenn man sich selbst aufgibt, sein Kreuz auf sich nimmt und ihm nachfolgt (Mk 8,34). Markus vermerkt ausdrücklich, daß Jesus dieses Wort zum Volk und zugleich zu den Jüngern gesagt habe (ebd.). Es gehört zu den Grundforderungen des Evangeliums wie die Worte von der Umkehr und vom Glauben (Mk 1,15).

Das Kreuz war im Leben Jesu nicht ein zufälliges, tragisches Ende, eine unter Umständen auch vermeidbare Katastrophe, sondern es war eingeplant in die Verfügung des Vaters über seinen Sohn. Es gehört zu jenem geheimnisvollen „Muß", von dem Jesus immer wieder spricht, besonders im Evangelium nach Lukas. Der evangelische Exeget Walter Grundmann schreibt: „Sein ganzes Leben und Handeln und Leiden sieht Jesus unter diesem, in einem Muß sich zusammenfassenden Willen Gottes."[9] Grundmann trägt die vielen Stellen zusammen, in denen Lukas dieses wichtige Deutewort anwendet, darunter 9,22: „Der Menschensohn muß vieles erleiden und wird von den Ältesten, Hohenpriestern und Schriftgelehrten verworfen werden; er wird getötet werden, aber am dritten Tag auferweckt." Das ist die erste Leidensweissagung Jesu, gegen deren geschichtliche Tatsache zwar viele Theologen sich aussprechen, die aber auch gute Gründe für sich hat, wenn sich Jesus als der leidende Gottesknecht im Sinn des Propheten verstand. In der dritten Leidensweissagung nach Mattäus spricht Jesus deutlich von seinem Tod am Kreuz; er war dort schon auf dem Weg nach Jerusalem, wo sich alles „gemäß den Schriften" an ihm erfüllen sollte. Im Auferstehungsbericht des Lukasevangeliums wird den ratlosen Frauen von den Engeln in der Grabkammer der Sinn der Leidensvorhersagen unter Berufung auf dieses Muß erschlossen, und den Emmausjüngern sagt der Auferstandene selbst: „Mußte nicht der Messias all das erleiden und so in seine Herrlichkeit eintreten?“ (24,26).

Die apostolische Verkündigung verweilt oft bei diesem Thema: Warum mußte Jesus den schmählichsten Straftod erleiden? Die Frage klingt in den ersten Predigten des Petrus an, wie sie uns Lukas in der Apostelgeschichte überliefert, und sie wurde höchst aktuell, als die Jünger selbst die Erfahrung des Leidens um Jesu willen machen mußten. Jetzt verstanden sie rückblickend die Worte ihres Meisters, daß sie nur in seiner Nachfolge, also ihr Kreuz tragend und annehmend, seine wahren Jünger sein können. Das Wort vom Kreuzaufnehmen findet sich bei allen drei Synoptikern, bei Mattäus, Markus und Lukas, vorab im Zusammenhang mit der bereits erwähnten ersten Leidensankündigung, also an einer besonders wichtigen Stelle, wobei eigens erwähnt sei, daß bei Lukas vom täglichen Aufnehmen des Kreuzes als einer Aufgabe der Jünger die Rede ist. Damit ist aber auch schon der so wichtige Überschritt von der Ausnahmesituation des Martyriums, unter Umständen auch des Kreuzestodes um Christi willen, zum innerlichen Verständnis der täglichen Beschwerden und Bedrängnisse des Christenlebens vollzogen.

Diese Auffassung vom Sinn des Kreuzes hat das christliche Leben zutiefst geprägt, angefangen bei Paulus, der im Galaterbrief schreibt: „Ich bin mit Christus gekreuzigt worden“ (2,19), und: „Ich aber will mich allein des Kreuzes unseres Herrn Jesus rühmen, durch das mir die Welt gekreuzigt ist und ich der Welt“ (6,14). Die römische Liturgie weitet dieses Pauluswort am Gründonnerstag aus und singt zum Eingang der Abendmahlsmesse: „Wir rühmen uns des Kreuzes unseres Herrn Jesus Christus. In ihm ist uns Heil geworden und Auferstehung und Leben. Durch ihn sind wir erlöst und befreit.“ Der frühchristliche Bischof Ignatius, gemartert um 107 in Rom, schreibt, daß die Christen „gleichsam mit Fleisch und Geist angenagelt sind am Kreuz des Herrn Jesus Christus“ (Brief an die Smyrnäer 1,1). Seither ist dieses Thema nie mehr verstummt im Beten und Singen der christlichen Gemeinde und in der Frömmigkeit des einzelnen Christen.

Aber auch die Frage nach dem Warum des Kreuzes ist nicht mehr zur Ruhe gekommen, seit Paulus im 1. Korintherbrief sie theologisch zu beantworten suchte. Ein kleiner, höchst aufschlußreicher Abschnitt aus diesem Brief heißt: „Die Juden fordern

Zeichen, die Griechen suchen Weisheit. Wir dagegen verkündigen Christus als Gekreuzigten: für Juden ein Anstoß, für Heiden eine Torheit, für die Berufenen aber, Juden wie Griechen, Christus, Gottes Kraft und Gottes Weisheit“ (1 Kor 1,22–24).

Übersetzt in die Denkweise unserer Zeit, wird der Wundersucht gleicherweise wie der breiten Welle der neuen Aufklärung in all ihren Formen die Botschaft entgegengehalten: „Christus der Gekreuzigte“. Diese aber erschließt sich nur den „Gerufenen“, das heißt den an Christus Glaubenden. Für sie ist gerade der Gekreuzigte der wahre Messias, Gottes alle menschlichen Denkereien umstürzende Kraft und Gewalt, Gottes hintergründige und doch alles bezwingende Weisheit, mag sie auch den gescheiten Leuten dieser dem Verfall entgegengehenden, gottfeindlichen Welt dumm und schwach vorkommen. Wer sich zu diesem Glauben entschlossen hat, für den ist in der Tat das Kreuz Christi Heil, Kraft, Klarheit, Freude und Friede: Hoffnung, die nicht enttäuscht wird.

Voll Furcht und großer Freude

Das Mattäusevangelium enthält einen Satz, der etwas von der Dynamik ahnen läßt, die mit der Auferstehung Jesu die Menschen erfaßte. Die Frauen vernahmen die Botschaft des Engels: „‚Fürchtet euch nicht! Ich weiß, ihr sucht Jesus, den Gekreuzigten. Er ist nicht hier; denn er wurde auferweckt, wie er gesagt hat. Kommt und seht die Stelle, wo er lag! Geht sofort zu seinen Jüngern und sagt ihnen: Er ist von den Toten auferweckt und geht euch voraus nach Galiläa; dort werdet ihr ihn sehen. Das ist meine Botschaft an euch.' Sogleich verließen sie das Grab, voll Furcht und großer Freude, und liefen, um seinen Jüngern die Nachricht zu bringen. Auf einmal trat ihnen Jesus in den Weg und sagte: ‚Seid gegrüßt!'" (28,5–9).

So fängt die nachösterliche Kirche an: in Furcht und großer Freude, mit dem eilenden Lauf der Glaubenden. Nie mehr wird dieser Lauf aufhören, bis der Herr endgültig seinen Boten begegnet und sie grüßt. Wer an die Auferstehung Jesu glaubt, der wird davon sprechen und andere mit dieser Freudenbotschaft beglükken, als einzelner und in der Gemeinschaft der Kirche, deren Osterruf „Christus ist erstanden!" nicht verstummt, bis der Herr wiederkommt. Solchen Zeugen aber offenbart sich der Auferstandene, stärkt sie im Glauben und erfüllt sie mit Freude.

Nun ist es aber für uns heute besonders wichtig, daß nach der Aussage des Neuen Testaments der erstandene Herr auch Menschen begegnet, die zweifeln oder nicht glauben. Alle vier Evangelisten berichten das, Johannes in der besonders eindrucksvollen Erzählung von Tomas. Wir dürfen diese Berichte nicht übersehen; sie gehören zur österlichen Verkündigung dazu und sollen uns selbst helfen, wenn wir zuzeiten nicht glauben können. Sie sollen uns aber auch dienen beim Gespräch mit Menschen, die meinen, die Auferstehung Jesu umdeuten zu müssen. Jesus selbst hat sich den Zweifelnden und Ungläubigen nach seiner Auferstehung persönlich gestellt; er hat sie gescholten „wegen ihres Unglaubens und ihres Starrsinns" (Mk 16,14), aber ihren Glauben hat er nicht erzwungen. Er wollte sie überzeugen einfach durch sein Dasein, durch den Hinweis auf seine durchbohrten Hände und Füße, auf seine geöffnete Seite, durch die Erschließung der Heiligen Schriften und durch das gemeinsame Mahl. Wir wissen nicht, ob es allen Jüngern so ging wie denen zu Emmaus und dem Tomas. Aber wir wissen, daß die innerste Begegnung mit dem Auferstandenen damals wie heute nur im Glauben geschehen kann.

Dieser Glaube allerdings ist nicht möglich ohne die Bezeugung und die Verkündigung. Die Auferstehung Jesu und seine Erhöhung zur Rechten des Vaters ist grundsätzlich verbunden mit der missionarischen Predigt und diese wieder mit der Sendung des Heiligen Geistes. Wie schon die ersten Botinnen die Kunde eilends überbrachten, so sendet der auferstandene Herr nun seine Jünger als Zeugen für sein Leiden, seinen Tod und seine Auferstehung zu allen Völkern, damit sie die Vergebung der Sünden verkünden (Lk 24,47), Jünger für ihn werben, sie taufen und sie alles halten lehren, was er geboten hat (Mt 28,19–20).

Da aber grundsätzlich alle Getauften und Gläubigen an dem Heilswerk Christi aktiv Anteil haben, sind auch alle, je in ihrer Weise, zur missionarischen Aufgabe verpflichtet. Auferstehung und Erhöhung Jesu sind ja nicht Abschluß seines Lebens, sondern umstürzender Anfang des allumfassenden Heilsangebotes an jegliche Kreatur (Mk 16,15). Das Osterereignis aktualisiert die Reich-Gottes-Predigt Jesu in die Geschichte hinein, indem die Kirche nach der Geistsendung Christus predigt als den Gekreuzigten und Auferstandenen für das Heil der ganzen Welt. An dieser Aufgabe der Kirche aber haben wir teil. Auch uns gilt das Wort des Paulus: „Wehe mir, wenn ich das Evangelium nicht verkündige!" (1 Kor 9,16). Ostern ist also ein eminent missionarisches Fest, und es ist eigentlich selbstverständlich, daß die alte Kirche die Neubekehrten gerade an Ostern taufte.

Nun ist aber die Verkündigung des Evangeliums und das Zeugnis für Christus nach den klaren Worten des Herrn an die Gabe des Heiligen Geistes gebunden. Deshalb ist die Sendung des Geistes das eigentliche Ostergeschenk Jesu an seine Jünger. Davon sprechen besonders deutlich Lukas und Johannes. Während Lukas die Geistsendung auf den fünfzigsten Tag nach Ostern verlegt, berichtet Johannes, der Auferstandene habe bereits am Abend des Ostersonntags den Jüngern den Heiligen Geist geschenkt: „,Wie mich der Vater gesandt hat, so sende ich euch.‘ Nach diesen Worten hauchte er sie an und sprach zu ihnen: ‚Empfangt den Heiligen Geist. Allen, denen ihr die Sünden erlaßt, sind sie erlassen; allen, denen ihr sie nicht erlaßt, sind sie nicht erlassen‘“ (Jo 20,21–23).

Mit der Geistsendung als Geschenk des auferstandenen und erhöhten Herrn ist unmittelbar verbunden die Vergebung der Sünden. So wie der irdische Jesus von Nazaret ganz erfüllt war vom Heiligen Geist und Sünden vergab zum Zeichen der angebrochenen Gottesherrschaft, so soll nun in der Kirche Jesu Christi seine sündenvergebende Macht weiterwirken. Von Anfang an versteht sich die Jüngergemeinschaft Jesu so, daß man in ihr durch persönliche Umkehr, durch die Bekehrung des Herzens, aufgrund des Todes und der Auferstehung Jesu die Vergebung seiner Sünden erlangt. Auch als diese Gemeinde über ihre Anfänge hinausgewachsen war, blieb dies ihre Grundlage: der Heilstod Jesu nach dem Willen des Vaters, seine Auferweckung und die Sendung des Geistes zur Vergebung der Sünden. Das ist die österlich bleibende Gabe des Herrn auch für uns!

Gefordert für solche Vergebung wird nach dem Zeugnis der Schrift ganz klar Umkehr von Herzen, Bekenntnis zu Jesus als dem Auferstandenen und die Taufe auf seinen Namen. Diese Taufe bedeutet, sich ihm als dem Heilsbringer vorbehaltlos zu überlassen, seinen Tod und seine Auferstehung ganz persönlich zu übernehmen, erfüllt zu werden mit dem Heiligen Geist und einzutreten in die Heilsgemeinschaft des Herrn, in die Kirche Gottes.

Das Gedächtnis unserer Rettung

In der Liturgiekonstitution des Konzils heißt es: „Die vierzigtägige Fastenzeit hat die doppelte Aufgabe, vor allem einerseits durch die *Tauferinnerung* oder *Taufvorbereitung*, andererseits durch die *Buße* die Gläubigen, die in dieser Zeit mit größerem Eifer das Wort Gottes hören und dem Gebet obliegen sollen, auf die Feier des Pascha-Mysteriums vorzubereiten" (Nr. 109).

Die zweitgenannte Aufgabe der Fastenzeit ist uns durchaus geläufig: Buße tun, unser Leben ändern, eine Bußandacht mitfeiern, das Sakrament der Versöhnung mit Gott und der Kirche empfangen. Aber die erste Aufgabe, die für uns *Tauferinnerung* heißt, ist kaum in unser Bewußtsein und in unseren Lebensvollzug eingegangen.

Der Gründe sind viele: die fehlende Erinnerung an dem Empfang der eigenen Taufe; die Vernachlässigung dieses Sakramentes bis zum Beginn der liturgischen Bewegung in den zwanziger Jahren; die seelsorgliche Unterbewertung der Taufe gegenüber der Erstbeichte und Erstkommunion, die eigentlich jetzt erst durch die neue Form der Feier der Kindertaufe langsam zu schwinden beginnt.

Wie immer das sein mag: die Mahnung des Konzils sollte uns treffen, zumal in der erneuerten Leseordnung der Eucharistiefeier das Motiv der Tauferinnerung sehr deutlich spürbar ist. So heißt es z. B. im Epheserbrief: „Gott, der voll Erbarmen ist, hat uns, die wir durch unsere Sünden tot waren, in seiner großen Liebe, mit der er uns geliebt hat, zusammen mit Christus wieder lebendig gemacht. Aus Gnade seid ihr gerettet!" (2,4–5).

Die Nähe dieser Worte zum gebrochenen Selbstbewußtsein vieler heutiger Menschen läßt aufhorchen. Ende Dezember 1972 hat der evangelische Theologe und Psychotherapeut Rolf Affemann bei einer Tagung deutscher Dogmatiker und Fundamentaltheologen „die menschlich-personale Misere ins Blickfeld gerückt, wie der heutige Mensch sie erfährt (seelische Leere –

Erfahrung der Sinnlosigkeit – Einsamkeit – Aggressionsdruck – Selbstablehnung – Angst), um von daher aufzuzeigen, was er als Befreiung empfindet". Affemann sagt, für diese Befreiung „sei unabdingbar die personale Hilfe von außen"[10]. Nun sind aber doch die hier angesprochenen Menschen unseres Kulturkreises in der Mehrheit getauft. Sie müßten also aufgrund der Taufe die Möglichkeit besitzen, diese Befreiung zu verwirklichen, die ihnen grundsätzlich schon zuteil geworden ist. Wenn wir die Taufe ernst nehmen, dann ist sie doch „personale Hilfe von außen", die große Liebe des persönlichen Gottes, sein allumfassendes Erbarmen, mit dem er uns, „die wir durch unsere Sünden tot waren, zusammen mit Christus wieder lebendig gemacht und aus Gnade gerettet" hat, wie es im Epheserbrief (2,4–5) heißt.

Von daher gewinnt die Aufforderung des großen französischen Meisters des geistlichen Lebens, Charles de Condren, für die getauften Erwachsenen von heute neue Aktualität: „Was immer ihr tut, ihr seid wie ein toter Leib, wenn ihr nicht darnach trachtet, eure Taufe zu beseelen, zu beleben!"[11] So geschrieben im 17. Jahrhundert im Zusammenhang mit der damaligen Bewegung, die Erinnerung an den Tauftag und an die Taufe überhaupt zu beleben.

Die rettende Tat Gottes an uns in der Taufe gehört zu den Grundtatsachen des christlichen Lebens. Wir wären nicht lebendig im biblischen Verständnis unser selbst, wenn Gott nicht mit seiner frei schenkenden Gnade in unser Leben eingegriffen und uns vom Tod zum wahren Leben hinübergeführt hätte. „Aus Gnade seid ihr gerettet" – „durch den Glauben, nicht aus eigener Kraft, sondern Gott hat es geschenkt; nicht aufgrund von Leistungen, damit keiner sich rühmen kann" (Eph 2,8–9).

Es ist wichtig für unser Selbstverständnis als Christen, daß wir nie vergessen: nicht uns verdanken wir unser neues und schließlich entscheidendes Sein, sondern Gottes Erbarmen und seiner Gnade. Unser rein natürliches Selbstverständnis kann das nicht begreifen. Es wehrt sich dagegen, weil es sich aus eigenen Kräften verwirklichen will. Gerade das aber wird von Jesus in einem seiner wichtigsten Worte grundsätzlich abgelehnt: „Wer sein Leben retten will, er wird es verlieren" (Mk 8,35). Unsere Rettung ist Gottes Sache, und er hat sie in der Taufe begonnen.

Wenn wir immer wieder an unsere Grenzen stoßen, wenn die erwähnte Sinnlosigkeit und Angst uns bedrohen und verunsichern, dann können wir trotzdem aus dem Glauben heraus in ganz neue Tiefen unseres Daseins gelangen, in denen wir gesichert sind durch die Lebensgemeinschaft mit Jesus Christus, der sich in die Hände des Vaters gegeben und so sein Leben gewonnen hat und der dadurch „für alle, die ihm gehorchen, Urheber ewigen Heils geworden ist“ (Hebr 5,9). Das richtige Verständnis unserer Taufe vermag unserem Leben einen so festen Grund und eine solche Sicherheit zu geben, daß wir es trotz aller Gefährdungen bestehen können, mehr noch: daß es erst aus der Taufe heraus zu jenem „neuen Leben“ wird, das den Tod bereits hinter sich hat.

Dieses Bewußtsein der Rettung hinein in das ewige Leben Gottes, das uns in der Taufe als „Pfand“ (Eph 1,14) geschenkt wurde, hat zur Folge, daß wir uns der Welt zuwenden, die durch Christus und seine Sendung gerettet wird; daß wir „in unserem Leben die guten Werke tun, die Gott für uns im voraus bereitet hat“ (Eph 2,10). Die Taufe befähigt uns, den „Weltauftrag“ zu verwirklichen. Weil wir selbst aus Gnade gerettet sind, werden wir alles daransetzen, für unseren Teil mitzuwirken an der Rettung der ganzen Welt.

Untergehen – auferstehen

Für die meisten Christen verbindet sich mit dem Wort Taufe der Gedanke an die Wiedergeburt, an die Befreiung von der Erbschuld, an die Annahme als Kinder Gottes. Das ist zweifellos richtig und für unser geistliches Leben von hoher Bedeutung. Aber schon die Tauflehre des Apostels Paulus führt uns in eine andere Richtung. Er spricht von der Taufe als Teilhabe am Kreuzestod, an der Auferstehung und am nie mehr endenden Leben Christi mit Gott dem Vater im Heiligen Geist. Die Kirche legt uns diesen Text in der nächtlichen Osterfeier vor und verpflichtet uns auf ihn in der Erneuerung des Taufversprechens.

Ostern aber wird rasch vergessen über all der Arbeit und den Sorgen des Tages. Und doch sollten wir uns immer wieder auf diese Grundtatsache unseres christlichen Daseins besinnen und uns hineinmeditieren in dieses zentrale Geheimnis unseres Lebens.

Die Liturgie der Kirche möchte uns helfen, daß wir Ostern nicht vergessen. Schon die Feier des Sonntags an jedem ersten Tag der Woche ist eine ständige Erinnerung an den Tod und die Auferstehung des Herrn, an das Fest unserer Erlösung, die in der Taufe begann. Ist das nicht bedeutungsvoll, daß wir jede Woche der Arbeit mit einem Fest beginnen? Wir sollten etwas vorsichtig sein im Umgang mit dem säkularisierten Wort vom Wochenende; es gilt sicher nicht für den christlichen Sonntag, der Anfang, Neubeginn, Neuschöpfung ist; der Tag, an dem wir uns immer wieder an das Wort des heiligen Paulus erinnern: „Ich bin mit Christus gekreuzigt worden; so lebe nun nicht mehr ich, sondern Christus lebt in mir" (Gal 2,19–20).

Es gibt unter den Aussprüchen Jesu einen Spruch, der uns eine Seite im Leben unseres Herrn nahebringt, die wir oft bedenken müßten. Lukas hat ihn aus dem Spruchgut überliefert; er heißt: „Ich muß mit einer Taufe getauft werden, und wie sehr bin ich bedrückt, solange sie noch nicht vollzogen ist!" (12,50). Auch bei Markus klingt dieser Gedanke an das Leiden und Sterben Jesu an, wenn er auf die Bitte der Zebedäussöhne um Macht und Ehre im messianischen Reich antwortet: „Könnt ihr die Taufe auf euch nehmen, mit der ich getauft werde?“ (10,38), und es ist sehr bezeichnend für Markus, daß er diesen Ausspruch Jesu in engen Zusammenhang mit der dritten Ankündigung seines Leidens und seiner Auferstehung überliefert (Mk 10,32ff).

Zweifellos hat Jesus, wenn er von seiner Passion als Taufe spricht, jene Vorstellungen übernommen, die von der letzten Not und vom Untergang eines hilflosen Frommen im Alten Testament sprechen. So ruft der Beter des 42. Psalmes, der sich von Gott verlassen glaubt, dessen Seele aufgewühlt und unruhig ist: „Flut ruft der Flut beim Tosen deiner Wasser, all deine Wellen und Wogen gehn über mich hin“ (V. 8). Wir dürfen beim Meditieren dieses Textes nicht vergessen, daß das griechische Wort für taufen nicht bloß untertauchen bedeutet, sondern auch (im Schlamm) versinken, Schiffbruch erleiden, ertrinken. Da geht es also ums Leben, und Jesus hat nicht umsonst von einer Taufe gesprochen, wenn er von seinem Untergang sprach, der ihn so sehr bedrückte. Taufe ist für ihn Todestaufe!

Im Psalm 69, der immer schon messianisch verstanden wurde (V. 22: „sie reichten mir Essig für den Durst“), fleht der dem Untergang geweihte Beter: „Hilf mir, o Gott! Schon reicht mir das Wasser bis an die Kehle. Ich bin in tiefem Schlamm versunken und habe keinen Halt mehr; ich geriet in tiefes Wasser, die Strömung reißt mich fort“ (V 2.3).

Solche Erfahrungen stehen also hinter dem bangen Wort Jesu von der Taufe. Sie blieben ihm nicht erspart. Aber er weiß, daß sie von seinem Vater verfügt sind. Das steckt in dem Wort „Ich muß getauft werden“. Dieses Müssen ist der Gehorsam gegen den geheimnisvollen, heiligen Willen des Vaters. Jesus ist seinen Weg bis zur Taufe am Kreuz, trotz seiner seelischen Bedrückung und seiner letzten Verlassenheit, gegangen. Indem er diese Taufe an sich vollziehen ließ, hat er aber gerade das erfahren, was auch in den beiden Psalmen steht: die Rettung und das Heil! Im Psalm 42 heißt es: „Harre auf Gott; denn ich werde ihm noch danken, meinem Gott und Retter, auf den ich schaue“ (V. 6.12). Und der Psalm 69 schließt mit der trostvollen Aussage: „Schaut her, ihr Gebeugten, und freut euch; ihr, die ihr Gott sucht, euer Herz lebe auf! Denn der Herr hört auf die Armen“ (V. 33.34). Der Untergang in den tosenden Wassern ist nicht das Ende; der Herr hilft seinem Messias: am dritten Tage wird er auferstehen.

Aber was dazwischenliegt, ist unausweichlich und kann nicht übersprungen werden. Worin diese Not besteht, welches Wasser uns bis an die Kehle dringt, ist von Mensch zu Mensch verschieden. Es wird gut sein, beim Meditieren sich den Tatsachen nicht zu verschließen, sondern sein Leben ernsthaft daraufhin zu prüfen, ob wir unsere Taufe schon erfahren haben, ob wir schon versunken sind in tiefem Schlamm. Auf jeden Fall müssen wir uns darauf einrichten, denn einmal wenigstens wird die Todestaufe auf uns zukommen und unser Herz bedrücken. Aber dann sollen wir auch wissen, daß wir gerettet werden, um so sicherer, je größer die Ängste sind. Sie können nicht ärger sein als die unseres Herrn, von dem es im Hebräerbrief heißt: „Als er auf Erden lebte, hat er Gebete und Bittrufe mit lautem Schreien und mit Tränen vor den getragen, der ihn aus dem Tode retten konnte, und ist aus seiner Angst erhört worden“ (5,7).

Nun wollen wir leben für Gott...

Die urapostolische Predigt vom Heilstod Jesu und seiner Auferstehung, von der Sendung des Heiligen Geistes zur Vergebung der Sünden aufgrund von Glaube und Taufe entfaltet der Apostel Paulus vor allem im 6. Kapitel des Römerbriefes. Er schreibt: „Wie können wir, die wir für die Sünde tot sind, noch in ihr leben? Wißt ihr denn nicht, daß wir, die wir auf Christus Jesus getauft wurden, auf seinen Tod getauft sind? Wir wurden mit ihm begraben durch die Taufe auf den Tod, damit so, wie Christus durch die Herrlichkeit des Vaters von den Toten auferweckt wurde, auch wir in dieser neuen Wirklichkeit leben“ (6,2–4).

Dieser inhaltstiefe Paulustext (man sollte ihn im ganzen Wortlaut, Röm 6,2–13, nachlesen) rührt an die Wurzeln der christlichen Existenz und des christlichen Lebensvollzuges. Keiner kann Christ werden ohne innere Umkehr. Aber darin wäre das eigentlich Christliche noch nicht vollzogen. Christwerden und das daraus folgende Christsein ist an das Sterben mit Christus, genauer an das Sterben in seinen Tod hinein gebunden, der in der alten Taufweise symbolisch mitvollzogen wurde durch das Untertauchen des Täuflings, das auch die neue „Feier der Kinder- und Erwachsenentaufe“ wieder ermöglicht.

Der Untergang der rein innerweltlichen Existenz mit all ihrer Fragwürdigkeit und Sünde ist die Voraussetzung für die neue Lebensgemeinschaft mit Gott in Christus. Das bedeutet keine Abwertung des Menschlich-Irdischen, wohl aber seine Aufwertung auf das Göttliche hin, für das wir bestimmt sind. Das zu verstehen, wird für den Menschen immer schwieriger. Er ist gewohnt, sein Leben selbst zu gestalten und zu bestimmen. Er kann, auch als Getaufter, nicht recht verstehen, was Tod und Auferstehung Christi mit seinem persönlichen Leben zu tun haben sollen.

Dieses Selbstverständnis fordert eine ständig neue Rückbesinnung auf das Mysterium der Taufe. Fordert, immer neu mit

Christus die Hingabe an den Willen des Vaters zu vollziehen, die ja auch für ihn eine Taufe war, ein Untertauchen in die Flut des Leidens und ein Gerettetwerden durch die Macht des Vaters. Diese Verwirklichung in mein Leben hinein fordert eine wache Überprüfung meines Lebensgefühls als Mensch der Gegenwart auf die Aussagen der Heiligen Schrift hin, die ich nicht zu meinen Gunsten und um eines leichteren Lebens willen uminterpretieren darf. Sünde und Tod, Auferstehung und Leben sind Gegensätze, die erst durch die Gemeinschaft mit Jesus Christus ihre richtigen Stellenwerte erhalten, auch für den Christen von heute. Das verlangt aber von uns, daß wir uns hineindenken in diese Grundaussagen für unser Leben; daß wir uns dann und wann auf unsere christliche Existenz besinnen und etwa, nachdem wir das 6. Kapitel des Römerbriefes gelesen haben, uns ausdrücklich dazu bekennen: Ja, wir sind gestorben und auferstanden mit Christus in der Taufe; nun wollen wir leben für Gott! Das ist doch auch der Sinn der alljährlichen Erneuerung der Taufgelübde in der Liturgie der Osternacht mit Stellen aus dem genannten Kapitel. Bei aller Umgestaltung der christlichen Glaubens- und Lebensformen bleiben die Inhalte, zumal so zentrale wie die genannten, unantastbar. Wir können auch heute nicht anders zum Heil kommen, als daß wir mit Christus leiden und sterben, um so mit ihm ein neues Leben zu führen.

Diese innerste Gemeinschaft mit Christus aufgrund der Taufe betont Paulus auch im 3. Kapitel des Galaterbriefes, in einem Text, der uns Menschen der Gegenwart besonders anspricht: „Ihr seid alle durch den Glauben Söhne Gottes in Christus Jesus. Denn ihr alle, die ihr auf Christus getauft seid, habt Christus als Gewand angelegt. Es gibt nicht mehr Juden und Christen, nicht Sklaven und Freie, nicht Mann und Frau; denn ihr alle seid ‚einer' in Christus Jesus" (3,26–28). Taufe ist Sterben, ist wie das Ablegen eines alten, vergänglichen Kleides, und sie ist zugleich Lebensgemeinschaft mit dem Auferstandenen, die Paulus gleichsetzt mit dem Anziehen des neuen, unvergänglichen Kleides. Der neue Mensch ist angezogen worden. Aus dieser in Bildrede eingekleideten Wirklichkeit – ich bin eins mit Christus – zieht der Apostel nun die besonders wichtige Folgerung: alle Getauften sind auch untereinander in Jesus Christus eins. Er nennt die schärfsten Gegensatzpaare aus seiner Umwelt: Jude und Grieche, das heißt auserwählt und verloren; Sklave und Freier, das heißt rechtlos und vollberechtigt; Mann und Frau, das heißt unabhängig und untertan. Diese Gegensätze der innerweltlichen Ordnung von damals und andere aus den Gesellschaftsordnungen unserer Zeit sind in der Kirche Christi grundsätzlich aufgehoben. Hier ist eine apostolische Aussage, die für die ständig zu erneuernde Kirche besonders wichtig ist. Die Kirche ist ja nach dem Zweiten Vatikanum das Modell für die Menschheit der Zukunft. Also muß in ihr vor allem das Prinzip der Einheit und das Gesetz der Brüderlichkeit sichtbar werden. *Ein* Leib muß sie sein, der Leib Christi, und alle müssen untereinander Glieder sein und je in ihrer Person den einen Christus in der Welt vergegenwärtigen. Der aber ist gekommen, zu dienen, nicht zu herrschen; zu retten, nicht zu verdammen. Es wird also auch die Kirche diesen Christus in ihren Gliedern zu verkörpern haben, wenn sie glaubwürdig sein will. Das ist eine bedeutsame Konsequenz aus der österlich verstandenen Taufe.

Dienet der Zeit

Als Menschen und als Christen stehen wir immer wieder vor einem neuen Anfang. Da findet sich nun im Römerbrief des Apostels Paulus in manchen alten Handschriften ein merkwürdiger Satz; er heißt: „Dienet der Zeit“ (12,11). Die meisten Handschriften lesen: „Dienet dem Herrn“, was selbstverständlich auch einen guten Sinn gibt. Unser ganzes Leben als Gottesdienst verstanden, das ist eine wichtige und uns einfordernde Aufgabe. Aber nehmen wir einmal die andere Lesart: „Dienet der Zeit“, und stellen wir sie als Leitwort vor die kommenden Wochen und Monate, vielleicht sogar vor unser ganzes Leben.

Was ist hier gemeint mit Zeit? Sicher nicht die Zeit im welthaften Sinn, nicht die Zeit im Verständnis von Zeitgeist. Gerade davor warnt Paulus im gleichen Römerbrief: „Gleicht euch nicht dieser Weltzeit an, sondern wandelt euch und erneuert euer Denken“ (12,2). Gemeint ist vielmehr Zeit als schicksalhaft entscheidender Zeitpunkt, der von Gott her verfügt ist. Zeit als überreiche Gabe Gottes, die sich nicht vorausberechnen läßt; als Geschenk seiner Güte, als Angebot des Heiles, jedem einzelnen zugedacht und für ihn zugeschnitten. Zeit als Anforderung Gottes in einem ganz bestimmten Sinn, der oft im Augenblick rätselhaft verborgen ist, sich aber einmal als Gnade enthüllt, wenn wir der Forderung entsprochen haben.

Von solcher Zeit ist in der Heiligen Schrift immer wieder die Rede. Kairós heißt das biblische Wort dafür. Solcher Kairós ist gegeben mit dem Kommen und der Verkündigung Jesu. Solcher Kairós kann sich in jedem Augenblick des christlichen Lebens erneuern; wer ihn erkennt und ergreift, dient ihm, stellt sich ihm zur Verfügung, bedingungslos und ganz, wie das im Verständnis von Dienen im biblischen Sinn enthalten ist. Das gilt vorab im Dienst am Nächsten; hier wird der Dienst an der Zeit ganz konkret. Gott macht ja keine inhaltslosen, unwirklichen Angebote, sondern stellt uns jeden Tag vor ganz bestimmte Aufgaben, die sich im Ablauf der vordergründigen Menschenzeit, im Dienst und Beruf ergeben. Hintergründig sind sie Heilszeit, Kairós, die der Christ aufgrund seiner Geistbegabung erspüren und verwirklichen kann. Tut er das nicht, so weicht er dem Ernst der Entscheidung aus, verfälscht das Heilsangebot des Augenblicks und läuft Gott davon. Der Dienst an der Zeit geht dann daneben; die Zeit ist vertan.

Erfüllte Zeit aber birgt in sich den Gehorsam eines bereitwilligen Herzens, das sich dem Angebot Gottes in jedem Augenblick öffnet und ihm dienstwillig folgt. Übersetzt in den Alltag bedeutet solcher Dienst an der Zeit eine Sinnerfüllung ohnegleichen. Die unbedeutendsten Dinge und Verrichtungen werden sinnvoll und gottbezogen. Jeder Dienst, den wir beruflich oder privat tun, wird so zum Gottesdienst. Unsere Arbeitswoche und unsere Freizeit wird damit geweiht und geheiligt und in die Ewigkeit Gottes hineingenommen. Unser Leben verliert dadurch seine oft so vordergründige Sinnlosigkeit und wird erfüllt vom letzten und endgültigen Sinn des Daseins, der in Gott besteht. Natürlich bleiben die Last und der Druck des Augenblicks, aber es eröffnen sich völlig neue Aussichten, wie Paulus im 2. Korintherbrief schreibt: „Die kleine Last unserer gegenwärtigen Not schafft uns in maßlosem Übermaß ein ewiges Gewicht an Herrlichkeit, uns, die wir nicht auf das Sichtbare starren, sondern nach dem Unsichtbaren ausblicken; denn das Sichtbare ist vergänglich, das Unsichtbare ist ewig“ (4,17–18).

Wer gelernt hat, irdische Zeit gleichzeitig als Heilszeit Gottes zu verstehen und zu vollziehen, wird sich auch in die Zeitläufte fügen. Dann werden ihm nicht nur die kurzen Augenblicke zum Kairós, sondern auch große geschichtliche Zusammenhänge: eine Wendezeit etwa wie die, in der wir stehen und die doch sicher ein Angebot und ein Anruf Gottes an unsere Generation und an jeden einzelnen von uns ist. Wir sollten darum diese Zeit nicht beklagen noch uns bemitleiden, weil wir in ihr leben müssen. Wir sollten sie vielmehr als Möglichkeit des Dienstes begreifen, uns ihr stellen und ihren verborgenen Heilsbezug zu ergründen suchen. Wir sollten aber auch bedenken, daß wir oft lang, ja vielleicht unser ganzes Leben hindurch in einer Wolke gehen müssen, die uns nur ihre dunkle Seite zeigt. Und doch ist sie zugleich die Feuersäule in der Nacht, die mit uns zieht! Wenn wir aushalten und drunterbleiben, sind wir gesegnet und haben den Kairós bestanden. Es ist möglicherweise das Schicksal unserer Generation, daß wir nicht dahintersehen können, daß wir den

Sinn der Zeit nicht erkennen dürfen. Und doch müssen wir dieser Zeit und gerade ihr dienen, voller Mut, mit tiefem Vertrauen, daß es Gottes Zeit ist, wenn sie sich auch weithin als Menschenzeit, ja sogar – scheinbar – als Unheilszeit darbietet. Das Pauluswort „Dienet der Zeit" vermag unserem Leben einen ganz tiefen Sinn zu geben, denn in diesem Dienst berühren wir bereits die Ufer der Ewigkeit Gottes. Die aber läßt sich für uns eben nur so erfahren, daß wir sie gegenwärtig glauben im Augenblick, im Anruf der Stunde. Wie Hans Carossa es einmal gesagt hat: „Geh weiter, weiter. Du bist schon auf dem rechten Weg."

Erzählungen für heute

Im 14. Kapitel des Lukasevangeliums, Verse 25–33, stehen harte Worte Jesu über die Nachfolge, die mit zwei Erzählungen abschließen, die man leicht bis in unsere Gegenwart fortschreiben kann. Da stehen sie nun in der Landschaft, die halbfertigen Hochhäuser und Wohnblocks, weil falsch geplant wurde und jetzt niemand sein Geld und damit seine Existenz aufs Spiel setzen mag. Das muß schon zur Zeit Jesu so gewesen sein, als den großen Bauherrn das Geld ausging und ein Palast- oder Wachtturm nicht fertig wurde.

Die erste Erzählung ist leicht zu verstehen, und doch hat sie ihre Hintergründe, die erst voll sichtbar werden, wenn wir die vorausgehenden Aussprüche Jesu auf uns wirken lassen und noch dazu den Schlußspruch nehmen, mit dem Lukas die zweite Beispielerzählung abschließt. Auch diese ist übrigens leicht fortzusetzen. Da fängt einer Krieg an und muß nachgeben, weil der Gegner weitaus überlegen ist.

Aber gehen wir jetzt zu den Aussagen Jesu, die er mit diesen Erzählungen erläutert. Es sind drei: 1. „Wenn jemand zu mir kommt, muß er Vater und Mutter, Frau und Kinder, Brüder und Schwestern, ja sich selbst geringachten, sonst kann er nicht mein Jünger sein.“ 2. „Wer nicht sein Kreuz trägt und mir nachfolgt, kann nicht mein Jünger sein.“ 3. „Keiner von euch kann mein Jünger sein, wenn er nicht auf seinen ganzen Besitz verzichtet.“ Es geht also um drei Forderungen. Denken wir über die erste nach.

Sie ist von einem Radikalismus ohnegleichen, der sich noch dadurch verschärft, daß Jesus die totale Lösung aus den Beziehungen zu den Allernächsten und zu sich selbst verlangt im Bezug auf seine Person. „Wenn jemand zu mir kommt, dann ...“ Die Bibelleser aller Zeiten sind fassungslos vor diesem Ausspruch gestanden. Die einen haben sie ohne Rücksicht auf die intimsten Bindungen wörtlich erfüllt. So Madame de Chantal, die buchstäblich über ihren schreienden jüngsten Sohn hinweg in diesen Bereich der letzten Hingabe an Jesus eintrat und den Orden gründete, den Franz von Sales, dieser so liebenswürdige Heilige, von ihr forderte. So Niklaus von Flüe, der seinen Hof abgab und seine Frau und zehn Kinder verließ, um in der Einsamkeit des Ranft zur innerlichsten Gemeinschaft mit Jesus zu gelangen, so sehr, daß er auch körperlich von ihm lebte. Die Geschichte solcher Bindungen an Jesus, solcher Geringachtungen der persönlichsten Beziehungen, solcher restlosen Aufgabe des eigenen Ich läßt sich tatsächlich erzählen. Sie ist aber anders ausgegangen als die im Evangelium. Diese Leute haben sich nicht verrechnet. Sie haben nicht Pleite gemacht. Sie haben alles eingelegt und hundertfach gewonnen. Andere, die meisten, haben allerdings nur den halben Turm gebaut. Aber das Gesetz von den kommunizierenden Röhren gilt auch für die Jünger Jesu. Wir dürfen teilhaben an der Vollhingabe der Großen im Reich Gottes, allerdings unter dem Vorbehalt, daß wir überhaupt an einem Turm bauen und nicht von vornherein den Ernst des Jesuswortes ablehnen.

Der zweite Ausspruch Jesu scheint uns angemessener zu sein. Sein Kreuz, das heißt das eigene Kreuz tragen, das haben wir von klein auf als einen Grundbestandteil christlichen Lebensverständnisses und einer Lebenshaltung im Geist der Nachfolge kennen und wohl auch erfahren gelernt. Aber auch dieser Anspruch Jesu ist hart und geht uns eigentlich gegen den Strich, wenn wir uns ihm ernsthaft und ehrlich stellen. Wieder bindet er einen solchen Kreuzträger an sich. Sagen wir es gleich schon an dieser Stelle: Indem Jesus solche totalen Anforderungen mit seiner Person verbindet, verbindet er sie mit Gott, seinem und unserem Vater. Wo Jesus fordert, da fordert Gott. Im Johannesevangelium würde das so heißen: „Ich und der Vater sind eins" (10,30). Die Kirche hat auch aus solchen Aus- und Ansprüchen Jesu die zwingende Folgerung gezogen: „Ich glaube an Jesus Christus, eines Wesens mit dem Vater." Wenn ich mein Kreuz, wie immer es aussieht, trage und Jesus nachfolge, dann bin ich „gehorsam bis zum Tod, bis zum Tod am Kreuz" (Phil 2,8). Aber dieser Tod ist nicht der Schluß eines sinnlosen, geplagten, verpfuschten Lebens, sondern ganz genau der Anfang des erhöhten Lebens mit Christus, des ewigen Lebens, das Jesus denen verspricht, die ihm bedingungslos folgen (Mt 19,29).

Der dritte Spruch vom Verzicht auf den ganzen Besitz reicht wieder hinein in die Welt der Menschen, die den ersten Spruch ganz ernst genommen haben: Paulus, die Wüstenväter, Franziskus, Mutter Teresa in Kalkutta. Wir verstehen ihn alle sehr gut. Wir spüren aber vielleicht gerade bei diesem Spruch, daß Jesus nicht an der Wirklichkeit vorbeiredet. Die Älteren unter uns sind schon zweimal oder gar noch öfter ganz arm gewesen. Manche haben das mit einer erstaunlichen Würde und christlichen Freiheit getragen und den Turm zu Ende gebaut und „den Krieg gewonnen". Will heißen: Sie sind unter diesen bitteren Erfahrungen eines zwar aufgezwungenen Verzichtes durchgestoßen zur Nachfolge des Jesus, der um unsertwillen arm geworden ist. Noch einmal anders ist es mit dem freiwilligen völligen Verzicht auf Besitz und damit auf Macht und Einfluß. Das meint Jesus, und so haben ihn Tausende seiner Jünger verstanden. Eine Zeitlang schien es, daß das letzte Konzil die Kirche auf diesen Weg führen könnte. Mario von Galli hat das in seinem Buch: „Gelebte Zukunft: Franz von Assisi" eindringlich dargestellt[12]. Die Chance wurde nicht oder wenigstens nicht ganz genützt. Was bleibt uns so begeisterten Zeitgenossen des Konzils in der nüchtern gewordenen nachkonziliaren Zeit – oder soll man sagen: zwischenkonziliaren Zeit? – zu tun?

Ich glaube, diese drei Aussprüche Jesu sind unabweisbare Kernfragen an uns: Wie ernst ist es mir mit der Jüngerschaft und Nachfolge Jesu? Sie stellen höchste Forderungen, an denen wir immer wieder unseren bescheidenen Alltag messen müssen, auch wenn wir nicht Bruder Klaus oder Franziska von Chantal heißen. Versagen dürfen wir nicht.

Aktuelle Botschaft – Wort in den Tag

Eschatologische Grundhaltungen

1. Nüchternheit

Der Advent hat begonnen, jene Zeit des Jahres, in der wir mehr als sonst an die Mahnung des Apostels denken, „gerecht und fromm in dieser Welt zu leben und auf die selige Erfüllung unserer Hoffnung zu warten: auf das Erscheinen der Herrlichkeit unseres großen Gottes und Retters Jesus Christus" (Tit 2,13). An sich sollte ja unser ganzes Leben von dieser Erwartung erfüllt sein, denn ein Christ ist nach einem Wort John Henry Newmans „einer, der Ausschau hält nach Jesus Christus". Da wir aber nicht immer dieser Forderung entsprechen, wollen wir uns wenigstens in diesen Tagen wieder in einige Grundhaltungen, die diesem endzeitlichen Denken entsprechen, einüben. Die Heilige Schrift des Neuen Bundes empfiehlt uns als adventliche Grundhaltungen Nüchternheit, Wachsamkeit, Treue, Geduld, Freude. Darüber wollen wir in diesen Adventstagen nachdenken.

Nüchternheit – das ist also eine Forderung Gottes an uns. Fünfmal ist im Neuen Testament die Rede vom Nüchternsein. Zunächst in der ältesten Schrift des hl. Paulus, dem 1. Thessalonicherbrief, wo er schreibt, daß der Tag der Wiederkunft Christi plötzlich komme und die Leute überrasche. „Ihr alle seid Söhne des Lichts und Söhne des Tages. Wir gehören nicht der Nacht und nicht der Finsternis. Darum wollen wir nicht schlafen wie die andern, sondern wach und nüchtern sein. Denn wer schläft, schläft bei Nacht, und wer sich betrinkt, betrinkt sich bei Nacht. Wir aber, die dem Tag gehören, wollen nüchtern sein" (5,6–8). Schon aus diesem Text wird ganz deutlich, daß die Nüchternheit im wörtlichen und im übertragenen Sinn eine Grundforderung an den Christen ist, der auf die Ankunft seines Herrn wartet.

Was aber ist diese Nüchternheit ihrem Wesen nach? Die Anerkennung der Tatsache, daß wir als Christen keine vernebelten Köpfe haben, nicht ziellos uns in der Weltgeschichte verfahren, sondern daß wir im hellen Licht des bereits sich ankündigenden ewigen Tages Gottes stehen. Daß wir anerkennen, daß Gott wirklich da ist und daß wir uns nicht von der Macht der Geschöpfe so beeindrucken lassen, daß wir Gott von seiner Stelle rücken. Im 2. Brief an Timotheus schreibt Paulus: „Es wird eine Zeit kommen, da wird man der Wahrheit kein Gehör schenken. – Du aber sei in allem nüchtern!" (4,3–5). Das ist die Forderung der Stunde auch an uns, denn die Adventszeit macht uns ja wieder recht deutlich, daß der Satan mächtig am Werk ist. So steht es im 1. Petrusbrief: „Seid nüchtern und wachsam! Euer Widersacher, der Teufel, geht wie ein brüllender Löwe umher und sucht, wen er verschlingen kann" (5,8). An einer andern Stelle des gleichen Briefes heißt es: „Das Ende aller Dinge ist nahe. Seid also besonnen und nüchtern und betet. Vor allem haltet fest an der Liebe zueinander" (4,7–8a). Zur christlichen Nüchternheit gehört aber wesentlich hinzu: Gott zu dienen in der Anbetung seiner unermeßlichen Herrlichkeit und Macht, in der Hoffnung auf die Ankunft Jesu, des Herrn, in der wahren, wirksamen und ausdauernden Liebe, aber auch im Kampf gegen alle widergöttlichen Mächte, den wir bestehen werden, weil Christus die Welt bereits überwunden hat (vgl. Jo 16,33).

2. *Wachsamkeit*

In diesen Adventstagen wollen wir über christliche Grundhaltungen nachdenken, die notwendig sind, um die Endzeit zu bestehen und um so zu leben, daß der Herr uns „wach findet, wenn er kommt" (Lk 12,37). Über die von Jesus und seinen Aposteln geforderte Wachsamkeit wollen wir heute nachdenken.

In der großen Gerichtsrede Jesu, wie sie uns das Mattäusevangelium überliefert, vergleicht der Herr seine zweite Ankunft mit der Katastrophe der Sintflut und fügt hinzu: „Seid also wachsam! Denn ihr wißt nicht, an welchem Tag euer Herr kommt. Denkt daran: Wenn der Herr des Hauses wüßte, zu welcher Stunde in der Nacht der Dieb kommt, würde er wach bleiben" (24,42–43).

Den Vergleich mit dem wachsamen Hausherrn bringt auch der Evangelist Lukas und überliefert dabei den Ausspruch Jesu: „Selig die Knechte, die der Herr wach findet, wenn er kommt!" (12,37). In beiden Reden Jesu ist das Wachsein auf seine Wiederkunft zum endzeitlichen Gericht bezogen. Diese Zeit des Wachens ist für den Jünger Jesu aber zugleich Teilhabe an der Passion seines Herrn. „Wenn sie mich verfolgt haben, dann werden sie auch euch verfolgen" (Jo 15,20). „Ein Jünger steht nicht über seinem Herrn" (Mt 10,24). Denken wir da nicht an das andere Wort Jesu vom Wachbleiben, das er im Ölgarten sprach: „Wacht und betet, damit ihr nicht in Versuchung geratet" (Mt 26,41)? Diese letzte Weltzeit, die mit der Geburt Jesu in Betlehem begann und in der wir leben, ist auch die Zeit der endgültigen Überwindung des „Versuchers" (Mt 4,3), des Teufels. In den gewaltigen Auseinandersetzungen, die sich mitten unter uns vollziehen, können wir nicht bestehen ohne geistliche Wachsamkeit. Wir müssen hellhörig sein und unterscheiden können zwischen den vielen Angeboten des Versuchers und dem klaren Willen Gottes. Wir müssen uns wache Sinne bewahren und dürfen uns nicht benebeln lassen wie Leute, die sich betrinken. Darum steht auch an zwei Stellen des Neuen Testamentes das Wachsein unmittelbar neben dem Nüchternsein (1 Thess 5,6; 1 Petr 5,8).

Wir werden aber bald spüren, daß das geistige Wach- und Hellesein nicht genügt. Wir schaffen das einfach nicht, so wie unser Körper auch nicht ständig wach bleiben kann. Wir brauchen für dieses Wachsein eine zusätzliche Hilfe, die wir im Gebet erlangen. Gott selbst tritt an unsere Seite und wacht für uns, wie es im Psalm heißt: „Der Hüter Israels schläft und schlummert nicht" (121,4). Wachen und Beten, diese Mahnung des Herrn, empfiehlt auch der Epheserbrief für den Kampf und das Leiden des Christen in dieser Welt: „Hört nicht auf zu beten! Betet jederzeit im Geist; seid wachsam und harrt aus" (6,18).

Nüchternheit und Wachsamkeit, zwei Grundhaltungen, die der Christ haben soll, der die Ankunft seines Herrn erwartet. „Selig die Knechte, die er wach findet, wenn er kommt!" (Lk 12,37).

3. Treue

Zu den biblischen Worten, die für den Christen in der Endzeit besondere Bedeutung haben, gehört neben Nüchternheit und Wachsamkeit das Wort Treue. Wir haben schon die Mahnung des Herrn gehört: „Selig die Knechte, die der Herr bei seiner Ankunft wach findet!" (Lk 12,37). Auf die Frage des Petrus, ob das Gleichnis nur für die Jünger oder für alle gelte, antwortet Jesus mit dem Hinweis auf einen „treuen und klugen Verwalter"

(Lk 12,42), dem der Hausherr seine Habe anvertrauen kann, und er meint damit zweifellos die Apostel. Aber damit ist nicht gesagt, daß nicht auch wir treue Verwalter der uns anvertrauten Welt und Gnadengaben sein müßten. Ganz deutlich wird das in einem andern Wort Jesu über die Talente oder Pfunde, die ein Mann vor seiner Abreise seinen Untergebenen aushändigte. Die mit dem Geld gearbeitet hatten, werden gelobt, weil sie im Kleinen treu gewesen waren (Lk 19,17–19). Dieses Lob erteilt der Herr, wenn er zurückkehrt – ein ganz deutlicher Hinweis auf die Wiederkunft des Herrn zum Gericht.

Das also will der Herr Jesus Christus von uns, die wir seinen Namen tragen: Treue! Nun ist es aber bemerkenswert, daß der treue Verwalter auch der kluge genannt wird. Beides gehört offensichtlich zusammen: Der auf die Wiederkunft seines Herrn wartende Christ darf nicht wie ein Tor einfach dastehen und die Zeit verrinnen lassen. Nein, er muß das Kapital seines Herrn recht verwalten und für das ihm anvertraute Gut treu sorgen, in Klugheit und Einsicht. Nicht umsonst steht unter den Gleichnissen Jesu über die Endzeit auch das von den klugen und törichten Jungfrauen. Nicht wer die Lampe besitzt, darf eingehen zur Hochzeit; er braucht das Öl dazu, damit der Docht brennen und leuchten kann (Mt 25,1–13).

Es geht bei all diesen Gleichnissen und Aussprüchen Jesu ganz offensichtlich um das Verhalten seiner Jünger in der Welt, die bereits mit seinem Kommen als Messias in ihr letztes geschichtliches Stadium, in ihre Endzeit eingetreten ist. Für unser Verhalten in dieser so bestimmten Welt fordert Jesus angespannte Aktivität, absolute Treue und ein Höchstmaß von Einsicht und Klugheit. Dabei ist mit dem anvertrauten Besitz und Geld und mit dem Öl doch wohl all das gemeint, was wir Menschen mit den Gaben Gottes tun können, die wir zu verwalten haben, und nicht nur an die innere Begnadung.

Wir sollen also unser Heil wirken in der Welt und mit ihren Gütern. Das meint auch das oft so mißverstandene Wort Jesu: „Macht euch Freunde mit Hilfe des ungerechten Reichtums, damit ihr, wenn es zu Ende geht, in die ewigen Wohnungen aufgenommen werdet. Wer in den kleinsten Dingen zuverlässig ist, der ist es auch in den großen. Wenn ihr im Umgang mit dem ungerechten Reichtum nicht zuverlässig gewesen seid, wer wird euch dann das rechte und wahre Gut anvertrauen?“ (Lk 16,9 u. 11).

Wir spüren wohl alle, wie stark uns diese Worte Jesu fordern und wie groß unsere christliche Verantwortung für unsere Welt in der Endzeit ist. Wenn wir uns aber diesem Anruf öffnen, wird auch uns die Verheißung gelten: „Sei treu bis in den Tod; dann werde ich dir den Kranz des Lebens geben!“ (Offb 2,10).

4. Aushalten

In den Besinnungen dieser Adventszeit haben wir nachgedacht über christliche Grundhaltungen in der Endzeit, in der wir auf das Kommen des Herrn Jesus Christus warten: über die Nüchternheit, die Wachsamkeit, die Treue. Heute wenden wir uns einem Wort des Neuen Testamentes zu, das ebenfalls zu den Grundanliegen eines christlichen Lebens gehört. Es heißt Aushalten. Man kann auch sagen: Geduld, verfehlt aber dann etwas den durchaus aktiven Sinn dieses Wortes. Es kann auch bedeuten: harren, warten, aber davon ist bei Jesus und seinen Zeugen wenig die Rede, obwohl dieses „Erharren des in Herrlichkeit wiederkommenden Christus“[13] ganz sicher zu den Wesensbestimmungen eines wahren Christen gehört.

Weitaus häufiger werden wir dagegen aufgefordert, in den Nöten und Glaubensprüfungen der Welt standhaft auszuhalten. Im Gleichnis Jesu vom Sämann werden wir gemahnt, trotz aller Mißerfolge dem guten Samen uns zu öffnen und „Frucht zu bringen durch unsere Ausdauer“ (Lk 8,15). Dieses Aushalten wird vor allem wichtig für die Situation des Christen in der bereits angebrochenen Endzeit. So sagt denn der Herr in der Rede über diese Zeit bei Markus: „Um meines Namens willen werdet ihr von allen gehaßt werden; wer aber bis zum Ende standhaft bleibt, der wird gerettet“ (13,13).

Die Apostel schreiben immer wieder von diesem Aushalten, vor allem der hl. Paulus. Der Gerichtstag Gottes wird denen ewiges Leben bringen, „die beharrlich Gutes tun und Herrlichkeit, Ehre und Unvergänglichkeit erstreben“ (Röm 2,7). Der Apostel tröstet sich damit, daß die Christen aus seinen Leiden Kraft schöpfen zum „standhaften Ertragen“ ihrer eigenen Leiden (2 Kor 1,6). Dadurch erweist sich einer als Diener Gottes, daß er „große Standhaftigkeit“ hat, im Sinne des Aushaltens bei Verfolgung und ungerechter Behandlung um Christi willen (2 Kor 6,4). Dieses Durchhalten ist ja nicht nur als persönliche Tapferkeit zu verstehen, sondern Gott wirkt gerade in den Schwachen das unbegreifliche Wunder seiner Gnade, wie Gertrud von le Forts Novelle „Die Letzte am Schafott" zeigt.

Die Widerstandskraft des Christen ist Gottes Geschenk. „Er gebe euch in der Macht seiner Herrlichkeit viel Kraft, damit ihr in allem Geduld und Ausdauer habt" (Kol 1,11), denn unser Gott ist „der Gott der Geduld", das heißt der, der das Aushalten in uns bewirkt (Röm 15,5). Dazu kommt das Vorbild, das uns Christus gab, der uns in seine Nachfolge im Kreuztragen rief (Mk 8,34).

Wenn wir aber so mit Christus durchgehalten haben, werden wir auch an seiner Herrlichkeit teilnehmen: „Das Wort ist wahr: Wenn wir mit Christus gestorben sind, werden wir auch mit ihm leben; wenn wir standhaft bleiben, werden wir auch mit ihm herrschen" (2 Tim 2,12). Das ist unsere feste Hoffnung. Aus dieser Verbundenheit mit Christus schöpfen wir Mut zum Glauben und Kraft zur Liebe, damit wir das sein können, was der Apostel Paulus von einem im Leben gereiften Christen erwartet: „stark im Glauben, in der Liebe, in der Geduld" (Tit 2,2).

5. *Freude*

Bald geht die Adventszeit zu Ende, und wir haben bereits die Botschaft des Engels an die Hirten von Betlehem im Ohr: „Ich verkünde euch große Freude" (Lk 2,10). Diese Freude gehört mit zu den christlichen Grundhaltungen in der Endzeit. Dem Christen ist ja das Gottesreich versprochen, und er hat jetzt schon in der Kirche einen vorläufigen Anteil an ihm. Darum soll er dem Mann gleichen, der den Schatz im Acker fand, und „in seiner Freude verkaufte er alles, was er besaß, und kaufte jenen Acker" (Mt 13,44).

Natürlich ist die Glaubensprobe groß, wenn wir die Frage stellen, die schon die Bibel aufwirft: „Wo bleibt die verheißene Wiederkunft des Herrn?" (2 Petr 3,4). Das Johannesevangelium gibt die Antwort und zeigt zugleich die Dimensionen, die mit der Frage berührt sind, nämlich die der menschlichen Existenz: „Ihr werdet trauern, aber eure Trauer wird sich in Freude verwandeln" (Jo 16,20). Es ist das wie mit einer jungen Mutter, die über der Freude an ihrem Kind die harten Wehen der Geburt vergißt. „So seid auch ihr jetzt traurig, aber ich werde euch wiedersehen; dann wird euer Herz sich freuen, und eure Freude wird euch niemand nehmen" (Jo 16,22).

Diese Freude ist gewonnen aus der Erfahrung des Leides und des tiefen Schmerzes in der Geburt zum neuen Leben, der Wiedergeburt aus Gott, die nicht erfolgen kann, ohne daß mein irdisch gebundenes Wesen stirbt. Das ist kein einmaliger Akt, sondern eine Lebensaufgabe. Aber wenn sie geleistet wird als gehorsame Antwort auf Gottes Anruf, wird sie zugleich auch zur ständigen Freude, weil ja immer noch Größeres uns erwartet, bis unser Wesen seine endgültige Gestalt erhält in der Begegnung mit Christus.

So sind denn die Briefe des Apostels Paulus immer auch Mahner zur Freude: „Seid fröhlich in der Hoffnung" (Röm 12,12). „Uns wird Leid zugefügt, und doch sind wir jederzeit fröhlich" (2 Kor 6,10). „Liebe Brüder, freut euch!" (2 Kor 13,11). „Freut euch im Herrn zu jeder Zeit! Noch einmal sage ich: Freut euch! Der Herr ist nahe!" (Phil 4,4f). Damit nennt Paulus ausdrücklich den Grund für unsere Freude mitten in der Trübsal: die Wiederkunft Christi.

Bis dahin allerdings leben wir in der Situation der gebärenden Frau; diese Not kann uns nicht erspart bleiben, weil ohne sie die Freude nicht reifen könnte. Jesus setzt sogar den Grenzfall und sagt: „Selig seid ihr, wenn ihr um meinetwillen beschimpft und verfolgt und auf alle mögliche Weise verleumdet werdet. Freut euch und jubelt: euer Lohn im Himmel wird groß sein" (Mt 5,11–12). Dieser Lohn ist Christus selbst, der uns in sein herrliches Dasein einbezieht. Paulus hat das wohl begriffen, wenn er schreibt: „Jetzt freue ich mich in den Leiden, die ich für euch ertrage" (Kol 1,24). Das Leiden gehört eben notwendig mit zur christlichen Existenz, denn es ist Teilhabe am Leiden Christi, wie es im 1. Petrusbrief heißt. Dort wird auch das Ziel unserer Freude deutlich gezeigt: „Freut euch, daß ihr Anteil an den Leiden Christi habt; denn so könnt ihr auch bei der Offenbarung seiner Herrlichkeit voll Freude jubeln" (1 Petr 4,13).

Mögen auch in uns diese „Früchte des Heiligen Geistes" reifen, wie Paulus schreibt: „Liebe, Freude, Friede, Langmut" (Gal 5,22). Erinnern wir uns in dieser Adventszeit immer wieder an das Wort des Apostels: „Freut euch zu jeder Zeit!" (1 Thess 5,16).

Fürchtet euch nicht

Fünf Adventsbesinnungen

Advent bedeutet Zeit der Besinnung und der Heimkehr zu Gott. Zeit aber auch der Hoffnung und festen Zuversicht darauf, daß Gott uns in Jesus Christus nahegekommen ist und sich auch jetzt noch um uns kümmert. Dafür gibt es in der Heiligen Schrift zahllose Stellen, die uns das bezeugen. Ich habe für diese Besinnungen einige Sätze des Propheten Jesaja ausgewählt, die auch uns Menschen der Gegenwart ansprechen können.

1. „Sprecht zu den Verzagten: Seid stark, fürchtet euch nicht! Seht da, euer Gott!" (Jes 35,4)

Der Prophet spricht seinen heimatvertriebenen Landsleuten zu, die den Mut verlieren wollten und die nicht glauben konnten, daß Gott ihnen auch in der Fremde nahe sei. Eine ähnliche Erfahrung haben einst auch unsere Mitbürger gemacht, die aus den deutschen Ostgebieten vertrieben wurden. Die seelischen Wunden sind inzwischen wohl geheilt, aber die Erinnerung an jene Zeit will nicht verblassen.

Aber lassen wir diese politischen Erfahrungen einmal beiseite. Gibt es nicht auch heute viele mutlose Menschen? Viele von uns und sehr wahrscheinlich gerade auch unter den älter werdenden Menschen werden nicht so recht fertig mit ihrem Leben. Die Angst plagt sie: Ich verliere meinen Arbeitsplatz, meine Ersparnisse schrumpfen zusammen, meine Kriegsopferrente ist beschämend gering, ich habe schon oder ich bekomme noch eine Krebskrankheit. Und dazu die inneren, seelischen Nöte und Ängste, auch bei jungen Leuten. Mediziner und Psychologen stehen vielfach hilflos vor der ständig wachsenden Zahl der gescheiterten Jugendlichen; die Bewährungshelfer reichen bei weitem nicht aus, um eine wirksame Hilfe zu bieten und die Versager wieder in die Gesellschaft einzugliedern. Da ist doch jeder von uns aufgefordert, sich ernsthaft zu fragen, woher denn all solche Lebensangst und all solches Versagen kommt?

Ich will gewiß keine kurzschlüssige Antwort geben; dafür ist unsere Gesellschaft zu vielschichtig und der einzelne Mensch zu kompliziert. Aber ich gebe Ihnen zu bedenken: Fehlt nicht vielen von uns der feste, tiefe Glaube an Gott? Das ungebrochene Vertrauen auf Jesus Christus, den Heiland gerade der Menschen, die nicht mehr fertig werden mit ihrem Leben? Ihnen möchte ich das Wort des Propheten zum Nachdenken empfehlen: „Seid stark, fürchtet euch nicht! Seht da, euer Gott!" Er ist wirklich da, und in Jesus Christus streckt er uns seine helfende Hand entgegen. Ein 27jähriger Holländer, der ganz dem Haschgenuß verfallen war, hat das erlebt und schreibt: „Ich brauchte keinen Hasch mehr. Ich lebte durch Jesus. Ich lebte ein neues Leben. Nun bin ich niemals mehr allein. Jesus ist immer bei mir. Ich bin auch nie gelangweilt. Ich bete viel und lese viel in der Bibel. Das muß so sein, wenn man Jesus wirklich gern hat. Das wird auch bei dir so sein, wenn du ihn von Herzen darum bittest. Er wird zu dir kommen. Er wird immer bei dir bleiben. Und dein Leben wird ein Leben voll Friede und Freude und Liebe."[14]

2. *„Eine Stimme ruft: Durch die Wüste bahnt einen Weg für den Herrn."* (Jes 40,3a)

Gemeint ist der Weg, auf dem das nach Babylon verbannte Volk Israel durch die Wüste in seine Heimat zurückkehren sollte. Mit ihm zieht der Herr, der Gott, der handelnd in die Geschichte eingreift, zum Heil der Menschen.

Wüste hat in der Sprache der Bibel einen ganz lebensnahen Sinn. Man braucht nur wenige Kilometer von Jerusalem aus nach Osten oder Süden zu fahren, und schon steht man vor der Wüste. Das Volk Gottes hat die ganze Härte der Wüste erlebt: einmal, als es von Mose aus Ägypten durch die Wüste ins Gelobte Land geführt wurde, und zum andern, als es aus der Verbannung in die Heimat zurückzog. Aber beide Male hat das Volk gerade in der Wüste erfahren, daß Gott ihm nahe war.

Wüste hat aber auch einen hintergründigen Sinn. Wüste ist für uns moderne Menschen längst ein Symbol, ein Bild, für unsere oft so grenzenlose Einsamkeit geworden. Wir sprechen von den Steinwüsten unserer Großstädte; wir haben alle schon in der Wirklichkeit oder in Bildern die Verwüstungen gesehen, die ein

Krieg von heute anrichtet; wir sagen von einem menschlichen Gesicht, das von Ausschweifungen gezeichnet ist, es sei verwüstet. Das alles ist wahr, und doch ist Gott auch in dieser unserer Wüste gegenwärtig.

Da trifft seine Stimme einen ungläubigen jungen Mann, der heute einer der bekanntesten Journalisten Frankreichs ist, André Frossard, mitten in der Millionenstadt Paris in einer kleinen, kunstlosen Kapelle. Er schreibt darüber in seinem erregenden Buch „Gott existiert!“: „Ich sage nicht: Der Himmel öffnet sich; er öffnet sich nicht, er stürzt vielmehr auf mich zu, schießt plötzlich wie ein stummes Wetterleuchten empor... Ich erfahre die milde Güte Gottes, eine Milde, die fähig ist, den härtesten Stein zu zerbrechen und, was härter ist als der Stein – das menschliche Herz.“[15]

Ja, Gott existiert; er ist da auch in der Trümmerwüste von Hiroshima nach dem Abwurf der ersten Atombombe am 6. August 1945, und er bezeugt sich in ergreifenden Berichten überlebender, aber vom sicheren Siechtum gezeichneter Christen. Gott existiert, und der Glaube bahnt einen Weg für ihn bis in die modernen Folterkammern und Straflager, bis in die entlegensten Orte in Sibirien, bis in die verwüsteten Katholiken- und Protestantenviertel irischer Städte.

Seine Nähe schimmert auch noch durch das von Elend und Leidenschaften verwüstete Gesicht eines Menschen, den die Stimme des großen Rufenden getroffen hat. Der englische Dichter Francis Thompson, der manche Jahre als Bettler die Not und Gottferne der Ärmsten miterlebt hat, läßt in seinem Gedicht „Der Jagdhund des Himmels“ Gott so sprechen:

„Alles, was dein kindisch Wähnen schon verloren glaubt,
ich heb es auf für dich daheim:
Steh auf, faß meine Hand,
komm heim!“

3. „Ich bin der Herr, dein Gott, der dich bei der Hand faßt und zu dir spricht: Fürchte dich nicht, ich habe dir geholfen“ (Jes 41,13)

Dieser Satz hat einen ursprünglichen Sitz im Leben der oft so verzweifelten Israeliten in der Babylonischen Gefangenschaft. Ihnen spricht Gott durch seinen Propheten Trost und Mut zu. Ich meine aber, daß diese Worte auch uns angehen.

Die zentrale Aussage ist zweifellos das Wort: „Fürchte dich nicht!“ Es gehört mit zu den Grundaussagen der Heiligen Schrift des Alten und des Neuen Bundes, genauso wie Angst und Furcht offenbar zu den Grundbefindlichkeiten des Menschen gehören. Tapferkeit bedeutet ja nicht, daß jemand keine Furcht hat, sondern daß er sie überwindet. Der Mensch von heute ist weithin geprägt von seiner Daseinsangst. Er weiß nie, wann er den Mächten der Vernichtung und Zerstörung ausgeliefert ist. Er ist nicht mehr so sicher, wie er es bei der Entdeckung der technischen Möglichkeiten zur Bewältigung der Welt einst war. Die Erfahrung des Unberechenbaren in der Natur so gut wie in der Politik, im Währungssystem und in der aus den Fugen geratenen Gesellschaft hat uns mehr verunsichert als frühere Generationen. Dazu kommt, daß viele überlieferte Stützen nicht mehr tragen, und dazu gehört sicher auch der unbeschwerte, selbstverständliche Glaube.

Trotzdem wage ich es, Ihnen einen Satz wie den vorhin erwähnten anzubieten: „Ich bin der Herr, dein Gott, der dich bei der Hand faßt und zu dir spricht: Fürchte dich nicht, ich habe dir geholfen!“ Als ich mich mit dem Satz näher beschäftigte, wollte ich eigentlich aufhören mit dem Schreiben. Ich bin ja auch ein Zeitgenosse wie Sie und habe oft Furcht und Angst: vor der Möglichkeit eines neuen Weltkrieges, vor einer unheilbaren Krankheit, vor der Tatsache, daß ich manche Fehler nicht loskriege, vor dem Tod. Aber dann bin ich hinter das Geheimnis gekommen. Zuerst hatte ich eine Übersetzung gewählt, in der es hieß: „Fürchte dich nicht, ich helfe dir.“ Das hat mich zwar getröstet, aber es blieben doch Zweifel. Hilft Gott wirklich, hilft er immer? Mit solchen Fragen muß man gewiß leben, aber sie erleichtern einem das Leben nicht gerade, und ich habe mich immer gegen die so rasch verabreichten Rezepte frommer Bücher gewehrt. Dann habe ich nachgeschaut und entdeckt, daß der Gottesspruch beim Propheten ja ganz anders heißt, nämlich: „Fürchte dich nicht, ich habe dir geholfen!“

Und da gingen mir die Augen auf. Ich habe ja solche Erfahrungen gemacht in meinem Leben, wo mir Gott tatsächlich geholfen hat, gegen alle Erwartungen. Genug von mir! Denken Sie selbst nach: „In wieviel Not hat nicht der gnädige Gott über dir Flügel gebreitet!“ „Ich habe dir geholfen“, darum darfst du mein Wort ganz ernst nehmen: „Fürchte dich nicht!“

Der französische Dichter Charles Péguy läßt in seinem Buch „Das Mysterium der Hoffnung“ Gott so sprechen: „Ich rede von denen, die arbeiten und nicht schlafen. Ich bedaure sie. Sie schenken mir kein Vertrauen. Als ob ich nicht fähig wäre, sie eine Nacht sicher zu lenken. Wer nicht schläft, ist untreu der Hoffnung. Und das ist die größte Untreue. Weil es die Untreue gegen den größten Glauben ist." So Charles Péguy[16]. Und jetzt noch einmal das Prophetenwort: „Fürchte dich nicht, ich habe dir geholfen!" Ich glaube, damit läßt sich leben.

4. *„Ich bin der Herr, dein Gott, der dich führt auf dem Weg, den du gehen sollst" (Jes 48,17b)*

Das Bildwort vom Weg für das menschliche Leben ist uralt, und die Propheten und Weisen des Alten Testamentes haben es aufgegriffen. So auch Jesaja. Der Gottesspruch, den er uns vermittelt, zeigt, daß Gott sich in einer sehr persönlichen Weise an unsern Weg gebunden hat. Er geht mit uns, er führt uns.

Ich habe es in den Großstädten Nordamerikas immer so hilfreich empfunden, wenn ich ratlos an einer Straßenkreuzung stand und meinen Stadtplan studierte, und dann plötzlich neben mir jemand sagte: „Can I help you, father? – Kann ich Ihnen helfen, Vater?" Oft ging der Fragende noch ein ganzes Stück mit mir, bis ich auf dem richtigen Weg war. Solche Erfahrungen macht der Mensch auch mit Gott. Er ist unser treuer Weggefährte; er führt uns auch durch Dunkel und Nebel, sicher und zuverlässig. Gewiß, nicht immer sind seine Wege unsere Wege. Manchmal schrecken wir zurück und werden verwirrt; manchmal entziehen wir uns seiner helfenden Hand wie störrische Kinder und laufen davon. Jedes von uns kennt das aus seinem eigenen Leben. Hier bleibt nur die Rückkehr, oder man verrennt sich im eigenen Elend, ausweglos. Nicht umsonst ist das Gleichnis vom verlorenen Sohn und dem barmherzigen Vater auch die Geschichte unseres Lebens: „Ich will mich aufmachen und zu meinem Vater gehen" (Lk 15,18).

Im tiefsten Grund unseres Herzens wissen wir es ja, daß er uns führen will und den Weg unseres Lebens kennt. Aber er zwingt uns nicht, gängelt uns nicht, kommandiert uns nicht. Das wird deutlich im Leben Jesu. In einer entscheidenden Krise „verließen ihn viele von seinen Jüngern und begleiteten ihn nicht mehr. Da sagte Jesus zu den Zwölf: Wollt auch ihr weggehen?" (Jo 6,66). Das ist auch die Frage Jesu, die Frage Gottes an uns. Wir müssen die Antwort selbst geben; es widerspricht aber unserer Würde und Freiheit nicht, wenn wir uns Jesus Christus anvertrauen, in dem Gottes Weg mit uns und unser Weg zu ihm greifbare Gestalt angenommen hat. Er sagt von sich: „Ich bin der Weg; wer mir nachfolgt, wird nicht in der Finsternis gehen, sondern er wird das Licht des Lebens haben" (Jo 14,6; 8,12).

In diesen dunklen und oft nebligen Dezembertagen bekommen solche Worte ein eigenartiges Gewicht. Sie berühren eine Schicht unseres Wesens, in der wir ganz genau wissen, daß eine Jupiterlampe nicht genügt, um uns den rechten Weg zu zeigen. Wir brauchen ein lebendiges Wesen, das uns begleitet, wir brauchen Gott, der uns führt.

Schließen wir unsere Betrachtung ab mit dem tröstlichen Lied von Paul Gerhardt:

„Befiehl du deine Wege
und was dein Herze kränkt
der allertreusten Pflege
des, der den Himmel lenkt.
Der Wolken, Luft und Winden
gibt Wege, Lauf und Bahn,
der wird auch Wege finden,
da dein Fuß gehen kann."

5. *„So spricht Gott, dein Erlöser: Ich bin der Erste und der Letzte, und außer mir ist kein Gott!" (Jes 44,6)*

Dieser Satz entstammt einer Gerichtsrede des Propheten, in der die Einzigkeit Gottes gegen die Vielfalt der babylonischen Götter und ihre Ohnmacht betont wird. Auch für uns Menschen des hochentwickelten technischen Zeitalters ist es notwendig, daß wir einsehen: Es gibt nur einen Gott! Man spricht heute viel vom lautlosen Abfall vom Christentum, der sich ohne Demonstration vollzieht. Man könnte vielleicht ebensogut vom lautlosen Abfall vom einzigen Gott sprechen und von einem Übergang zu andern Göttern, die scheinbar mehr zu bieten haben: Wohlstand, Ungebundenheit, Freiheit bis zur Zügellosigkeit. Ganz sicher ist vielen unserer Zeitgenossen ihr Wagen und ihr Hobby wichtiger als Gott. Und doch gibt es für ihn keinen Ersatz, und niemand kann sich seinem Anspruch entziehen: „Ich bin der Erste und der Letzte."

Das ist eine absolute Aussage. Gott ist der Anfang und das

Ende. Vor ihm ist nichts da; alles Leben kommt von ihm und hat nur in ihm Bestand und Sinn. Und er überdauert alles: Zeiten, Mächte und Gewalten. Wir tun gut daran, jetzt in diesen Adventstagen uns solchen Überlegungen zu öffnen und uns nicht mit den sicher nötigen Weihnachtsvorbereitungen den Blick auf diese entscheidenden Perspektiven zu verstellen. Gut, wir erwarten Jesus Christus, wir freuen uns auf das Fest seiner Geburt. Aber denken wir doch auch daran, daß im richtigen Verständnis des Advents, der Ankunftszeit, doch eigentlich die Ankunft des Herrn Jesus Christus zum Gericht gemeint ist, so wie er es selbst vorhergesagt hat: „Ihr werdet den Menschensohn auf den Wolken des Himmels kommen sehen" (Mk 14,62b).

Im Buch der Offenbarung berichtet Johannes, daß er Christus in seiner Herrlichkeit geschaut habe, und schreibt: „Als ich ihn sah, fiel ich vor seinen Füßen nieder wie tot. Er aber legte seine Rechte auf mich und sprach: Fürchte dich nicht! Ich bin der Erste und der Letzte und der Lebendige. Ich war tot, doch ich lebe in Ewigkeit, und ich habe die Schlüssel des Todes und der Welt des Todes" (1,17–18). Jesus Christus, der Sohn Gottes, tritt also mit dem gleichen Anspruch auf wie der Gott des Alten Bundes. Aber er leitet seinen Hoheitsanspruch ein mit dem so eindringlichen Anruf: „Fürchte dich nicht!" Ich kenne deine Not und deine Versuchungen; ich bin gewiß der Erste und der Letzte, aber ich kenne auch das Leid und habe den Tod erlitten. Nichts ist mir erspart geblieben. Darum kannst du dich mir anvertrauen. Du bist nicht mehr eingeschlossen in die Hoffnungslosigkeit deiner kleinen, engen Welt. „Ich habe die Schlüssel." So wird das herrscherliche Wort zum trostvollen Zuspruch, und die Hoheit des einzigen und ewigen Gottes strahlt auf im gütigen Antlitz Jesu.

Gott suchen – Gott finden

Das ist ein zentrales Anliegen für alle religiösen Menschen, gleich welchem Glauben sie angehören; ein zentrales Anliegen auch für Atheisten, die so häufig guten Willens sind, aber nicht über ihren Schatten springen können. Ich will versuchen, an Texten aus der Bibel und anhand von Worten großer Gottsucher zu zeigen, wie Menschen Gott gesucht und ihn gefunden haben.

1. *„Laß mich deine Herrlichkeit sehen"*

Da ist Mose, der Gott nicht von Angesicht zu Angesicht schauen durfte. Im 2. Buch Mose steht ein Bericht, der uns gleich in die Tiefe des Problems hineinführt. „Mose flehte Gott an: Laß mich doch deine Herrlichkeit sehen! Der Herr entgegnete ihm: Ich will meine ganze Schönheit vor dir vorüberziehen lassen und den Namen des Herrn vor dir ausrufen. Aber mein Antlitz kannst du nicht sehen; denn kein Mensch kann mich sehen und am Leben bleiben" (33,18–20). Was Mose sich wünschte, ist die Sehnsucht aller wirklich gläubigen Menschen: die persönliche Begegnung mit Gott, so wie man einen geliebten Menschen sehen und wiedersehen möchte. Dazu sind wir aber in der Gebundenheit unseres irdischen Daseins einfach noch nicht fähig. Erst im Tod können wir Gott schauen, wie er ist, und in diesem Augenblick entscheidet sich unser Geist zu seiner ewigen Existenz, zum Leben mit Gott, geläutert und geheiligt, – oder gegen ihn in Abwehr und Hochmut. Wir müssen beide Möglichkeiten im Auge behalten und unser Leben so einrichten, daß uns die Begegnung mit Gott im Augenblick unseres Todes zum tiefsten und bleibenden Glück wird.

Kehren wir zurück zu Mose. Die Heilige Schrift berichtet weiter: „Dann sprach der Herr zu Mose: Steig am Morgen auf den Sinai, und dort auf dem Gipfel des Berges stell dich vor mich hin! Der Herr aber stieg in der Wolke herab, und er stellte sich dort neben ihn hin. Er rief den Namen Jahwe aus. Der Herr ging an ihm vorüber und rief: Jahwe ist ein barmherziger und gnädiger Gott, langmütig, reich an Güte und Treue. Da verneigte sich Mose bis zur Erde und warf sich zu Boden" (vgl. Ex 34,2–8).

So begegnen sich also Mensch und Gott. Auf der Spitze des Berges, in der völligen Stille, auf der einsamen Höhe. Das gehört wohl mit dazu, wenn einer Gott finden will: der mühsame Aufstieg bis zum Gipfel. Nicht umsonst galten den Menschen der frühen Zeit die Bergeshöhen als Stätten der Begegnung mit Gott. Auch die Jünger Jesu erfahren auf dem Berg, wer ihr Meister wirklich ist: Gottes geliebter Sohn. Und Mose hört die befreienden und beglückenden Worte: „Jahwe ist ein barmherziger und gnädiger Gott, langmütig, reich an Güte und Treue." Solche Worte sind zweifellos ein Höhepunkt in der Gotteserfahrung eines Menschen. Der Gott, den er sucht, gibt sich zu erkennen als lautere Güte. Seine Nähe ist trotz aller Distanz für den Menschen Barmherzigkeit, Langmut, Gnade und beständige Treue. Damit läßt sich leben, auch in den Dunkelheiten und Rätseln des Alltags. Die Zusage Gottes steht fest. Wer ihn gefunden hat – gewiß noch nicht in der hüllenlosen Schau von Angesicht zu Angesicht, aber in seinem Wort – der kann weitergehen bis zu der Stunde, in der er Gott schauen darf, so wie er ist, und hören darf: „Mit ewiger Liebe habe ich dich geliebt, darum habe ich dir so lange die Treue bewahrt" (Jer 31,3).

2. „*Dein Angesicht, Herr, will ich suchen*"

Ein unschuldig verfolgter Beter des Alten Bundes stimmte im Tempel zu Jerusalem dieses Lied der Klage an (Ps 27,7–9):

Vernimm, o Herr, mein lautes Rufen;
sei mir gnädig und erhöre mich!

Mein Herz denkt an dein Wort: „Sucht mein Angesicht!"
Dein Angesicht, Herr, will ich suchen.

Verbirg nicht dein Gesicht vor mir;
weise deinen Knecht im Zorn nicht ab!
Du wurdest meine Hilfe.

Verstoß mich nicht, verlaß mich nicht,
du Gott meines Heiles!

Wir wissen nicht, welche Not diesen Mann bedrückte; aber wir spüren sofort, daß ihm das Wasser bis an den Hals geht. So bricht er denn auf aus seinem Haus und zieht hinauf zum Berg des Herrn in Jerusalem, wo der Tempel steht. Dort erhofft er Hilfe und Heil; dort erinnert er sich daran, daß Gott selbst gesagt hat: „Sucht mein Angesicht!" Das weiß er nicht bloß verstandesmäßig, als leere Formel, als autoritäres Gebot. Nein, er weiß es im Herzen, in der lebendigen Mitte seines Wesens. Sein Herz also mahnt ihn: „Suche sein Angesicht!" Gottes Antlitz, seine Nähe, voll Vertrauen. Und dieser Gott heißt Jahwe, auf deutsch: „Ich bin da, für dich."

Solche Erfahrungen haben wir wohl alle schon gemacht. Wir sind bedrückt, von außen oder im Innern. Nichts will uns gelingen; wir reiben uns an den Mitmenschen, selbst den liebsten; wir haben keinen Erfolg; alles ist trüb wie an einem nebligen Novembertag. Da ist es gut, wenn unser Herz mehr weiß als unser Gemüt, mehr auch als der bohrend quälende Verstand. Unser Herz sagt uns: „Suche sein Angesicht!" Wir brauchen die Begegnung, das Gespräch mit dem Gott, der für uns da ist. Der uns hört, uns zuhört, wenn wir ihm das Herz öffnen und vor ihm ausschütten, was uns quält und plagt. Gott hört zu; lang und geduldig. Die Bibel spricht im Bild von den Ohren Gottes. Sie läßt ihn sagen: „Ich will dich hören." – Und er antwortet! Nicht in einem fühlbaren Erlebnis; das ist selten, obschon Menschen bezeugen, daß sie sein Wort gehört haben. Er antwortet in den Worten der Heiligen Schrift. Wir sagen nicht umsonst: sie ist Gottes Wort. Es ist schon so, wie Paulus im Römerbrief schreibt: „Was einst geschrieben wurde, ist zu unserer Belehrung geschrieben; die Schrift gibt uns Geduld und Trost, und dadurch haben wir Hoffnung" (15,4).

Gott läßt sich also finden. Wenn einer auch sein Antlitz noch nicht schauen darf, so weiß er doch als gegenwärtige Erfahrung: er ist da. In einer unüberbietbaren Sicherheit, nicht als unbestimmte Zukunftsverheißung, weiß er das. Darum nimmt er auch den Heilszuspruch so ernst, mit dem der Psalm schließt, das Wort, das der Beter im Tempel gehört hat: „Hoffe auf den Herrn, und sei stark! Hab festen Mut, und hoffe auf den Herrn!" Wer Gott sucht und wer ihn finden will, ist auf Glaube und Hoffnung verwiesen; anders geht es für den zeit- und raumgebundenen sterblichen Menschen nicht. Aber diese Hoffnung endet nicht in der Enttäuschung und Verwirrung, denn, so schreibt Paulus, „die Liebe Gottes ist ausgegossen in unsere Herzen durch den Heiligen Geist, der uns gegeben ist" (Röm 5,5).

3. *„Wie soll ich dich suchen?"*

Unter den vielen Gottsuchern, die ihre Erfahrungen schriftlich hinterlassen haben, befindet sich auch Augustinus, der im Jahre 430 als Bischof von Hippo in Nordafrika gestorben ist. Der heißblütige, hochbegabte Afrikaner suchte Gott zunächst in der Philosophie zu finden, dann hing er jahrelang einer weltfeindlichen Irrlehre an, dem Manichäismus, und hatte gleichzeitig über viele Jahre hin eine ungeordnete sexuelle Bindung an eine Frau, die er nie heiraten wollte. Unruhig war sein Herz, unruhig sein Leben, bis ihn in Mailand der Ruf Gottes traf und er sich taufen ließ. Als er dann Mönch, Priester und Bischof geworden war, schrieb er seine „Bekenntnisse", eines der unvergänglichen Bücher der Weltliteratur.

In diesem Buch wirft er die Frage auf: „Herr, wie also soll ich dich suchen?" Das ist genau auch unsere Frage, mag nun unser Leben ähnlich dem des Augustinus verlaufen, Irrweg, Umweg, Flucht vor Gott in die Sünde sein oder nicht. Immer wieder stehen wir vor der Frage: „Herr, wie soll ich dich suchen?" Augustinus antwortet: „Denn such' ich dich, meinen Gott, so suche ich das Selige Leben." Wo aber finde ich es? In meiner Erinnerung; in den Freuden, die ich erlebte; in dem Ringen um die Wahrheit? Augustinus geht sein Leben durch bis zur Stunde der Bekehrung und schreibt rückblickend: „Spät hab ich dich geliebt, du Schönheit, ewig alt und ewig neu, spät hab ich dich geliebt. Und siehe, du warst innen, und ich war draußen, und da suchte ich nach dir. Du warst bei mir, und ich war nicht bei dir."

Ja, so ist es. Gott ist in uns als die Mitte unseres Wesens; er ist in unserem Herzen, und wir laufen ihm immer wieder davon. Wir philosophieren und spintisieren und grübeln, wo er wohl sein möge. Viele zünden die Laternen ihres suchenden Geistes an und laufen wie Nietzsches Zarathustra auf dem Marktplatz der Welt herum und schreien: „Gott ist tot!" Viele haben keine Erinnerung mehr an ihn, und darum können sie ihn auch nicht suchen. Und doch ist eine unstillbare Sehnsucht in ihnen nach der Begegnung mit dem Seligen Leben, mit dem Endgültigen, mit der Wahrheit. Wie sehr möchte ich ihnen wünschen, daß sie im Neuen Testament lesen wie Augustinus, bis der entscheidende Satz sie trifft: „Die Nacht ist vorgerückt, der Tag ist nahe“ (Röm 13,12). Wir Christen sollten sehr behutsam sein im Urteil über die, die Gott, den Vater unseres Herrn Jesus Christus, noch nicht gefunden haben. Vielleicht sind sie aufrichtigere und bessere Gottsucher als wir.

„Du warst innen, und ich war draußen!“ Diesen Satz des Augustinus dürften wir nicht vergessen und Gott wirklich in unserem Herzen suchen. Dann werden wir ihn finden und mit Augustinus sagen können: „Du hast mich angerührt, und ich brenne nach dem Frieden in dir. Wenn ich erst mit meinem ganzen Wesen dir anhange, dann wird nirgends Schmerz mir sein und Mühe, und mein Leben, ganz erfüllt von dir, wird erst lebendiges Leben sein. Meine Hoffnung ist nur in deinem großen Erbarmen. Ich hoffe, daß du dein Erbarmen in mir vollenden werdest bis zu jenem vollen Frieden, den mein Innen und mein Außen haben wird bei dir, wenn ‚der Tod verschlungen ist im Sieg‘.“ [17]

4. „*Du weißt den Weg für mich*“

Am 18. Oktober 1931 klagte Dietrich Bonhoeffer, damals 25 Jahre alt und evangelischer Studentenpfarrer an der Technischen Hochschule in Berlin, in einem Brief an seinen Freund Helmut Rößler über die Unsichtbarkeit Gottes. Er schrieb: „Dies wahnwitzige dauernde Zurückgeworfenwerden auf den unsichtbaren Gott selbst – das kann doch kein Mensch mehr aushalten.“ [18] Damit rührt Bonhoeffer ein Problem an, das mit in unser Thema gehört: Gott suchen – Gott finden. Immer wieder erfahren bemühte Gottsucher, daß sich Gott ihnen entzieht, daß er unsichtbar bleibt. Das ist eine Qual für den sinnengebundenen Menschen, der seinen Gott auch sehen möchte. Das Johannesevangelium bietet zwar eine Lösung an. Da bittet Philippus: „Herr, zeig uns den Vater!“ Jesus antwortet ihm: „Wer mich gesehen hat, hat den Vater gesehen“ (Jo 14,8–9). Aber auch Jesus ist so fern, verborgen in Gott, nur zugänglich im Glauben.

Nun hat aber Dietrich Bonhoeffer seine eigenen Erfahrungen mit dem unsichtbaren Gott gemacht. Als Mitglied der Bekennenden Kirche und der Widerstandsbewegung gegen Hitler wurde er von den Nationalsozialisten heftig verfolgt, wurde 1943 verhaftet und am 9. April 1945 im Konzentrationslager Flossenbürg erhängt. Ich möchte anhand einiger Aussagen dieses Zeugen für Jesus Christus zeigen, wie sich die Ablehnung des unsichtbaren Gottes läutern kann bis hin zum Frieden und zur Geborgenheit in ihm. Bonhoeffer schreibt in Anlehnung an ein Pauluswort: „Geduld bringt Erfahrung. Niemand ist Christ ohne Erfahrung. Nicht von Lebenserfahrung ist hier die Rede, sondern von der Erfahrung Gottes. Erfahren sind nur die Geduldigen. Die Ungeduldigen erfahren nichts. Wem Gott solche Erfahrung schenken will, dem schickt er viel Anfechtung, Unruhe und Angst. Die Erfahrung, von der hier die Rede ist, führt uns in die Tiefe der Hölle und in den Rachen des Todes und in den Abgrund der Schuld und in die Nacht des Unglaubens. Aber in dem allen will Gott seinen Frieden nicht von uns nehmen. In dem allen erfahren wir von Tag zu Tag mehr die Kraft und den Sieg Gottes, den Friedenschluß am Kreuze Christi."[19]

Dieses Zeugnis dürfen wir gerade diesem Mann abnehmen, der für seinen Glauben in den Tod ging. Es sind aber auch – so oder so – unsere eigenen Erfahrungen. Wir sollten uns an solchen Worten aufrichten, wenn wir uns wieder einmal in der Nacht des Unglaubens oder im Abgrund der Schuld befinden. „Wo noch Hoffnung ist, da ist kein Unterliegen", sagt Bonhoeffer, „da ist der Sieg schon ergriffen."[20] Und weiter schreibt er in einer Auslegung des 5. Kapitels des Römerbriefes: „Geduld heißt, wörtlich übersetzt: darunterbleiben, die Last tragen, nicht abschütteln; tragen, wie Christus das Kreuz trug, und dort unten Christus finden."[21] Wieder stößt Bonhoeffer uns auf das Kreuz Christi als dem Schlüssel zu dem oft so unerträglichen Problem, warum Gott unsichtbar bleibt, warum wir meinen, ihn nicht finden zu können. Er sagt: „Gottes Friede ist bei den Geduldigen."[22]

Immer wieder beschäftigt ihn, besonders während seiner Haft, das Kreuz und der Gekreuzigte. So schreibt er: „Es ist gut, daß wir von jenem Schrei auf Golgatha wissen dürfen: Mein Gott, mein Gott, warum hast du mich verlassen? Dort am Kreuz ist alles menschliche Warum, auch das unsere, vorweggenommen. Wo irgendein Mensch aus der Tiefe heraus schreien muß, da schreit Gottes Sohn mit. In diesem Kampf bestehen kann nur der, der von Gott etwas erfahren hat, der es sich um keinen Preis mehr nehmen und verdunkeln läßt."[23]

In die gleiche Richtung geht ein Morgengebet Bonhoeffers im KZ: „Gott, zu dir rufe ich in der Frühe des Tages; hilf mir beten und meine Gedanken sammeln zu dir; ich kann es nicht allein.

In mir ist es finster, aber bei dir ist das Licht; ich bin einsam, aber du verläßt mich nicht; ich bin kleinmütig, aber bei dir ist die Geduld; ich verstehe deine Wege nicht, aber du weißt den Weg für mich."[24]

5. „Warum das so ist?"

Zu dem Thema: Gott suchen – Gott finden, möchte ich eine Frau zu Ihnen sprechen lassen, eine Jüdin aus einer strenggläubigen Breslauer Familie, die in ihrem späteren Leben bekannte, daß sie von ihrem dreizehnten bis zu ihrem einundzwanzigsten Lebensjahr Atheistin gewesen sei, weil sie nicht an das Dasein Gottes glauben konnte. Ihr Name war Edith Stein. Nach einem glänzenden Abitur studierte sie Philosophie und wurde die Meisterschülerin des Professors Husserl. Während ihres Studiums lernte sie auch gläubige Christen kennen, aber sie blieb zunächst bei ihrem Atheismus und schrieb: „Ich kann mich nach religiösem Glauben sehnen, und er braucht mir doch nicht zuteil zu werden." Oder: „Dem echten lebendigen Glauben versage ich meine Zustimmung und lasse ihn nicht in mir wirksam werden." Und doch schreibt sie rückblickend auf ihre Zeit an der Universität: „Meine Sehnsucht nach der Wahrheit war ein einziges Gebet."[25]

Fast dreißig Jahre alt, war sie zu Besuch bei Freunden und lieh sich aus deren Bibliothek wahllos ein Buch für den Abend aus. Es war die Lebensbeschreibung der großen hl. Theresia von Avila, von ihr selbst verfaßt. Edith Stein las das Buch in einem Zug, und als der Morgen graute, sagte sie zu sich selbst: „Das ist die Wahrheit." Bald darauf empfing sie am 1. Januar 1922 die Taufe. Es ist hier nicht der Ort, ihr weiteres Leben zu schildern. Es drängte sie trotz aller Schwierigkeiten, in den Orden einzutreten, dem die hl. Theresia angehört hatte. Elf Jahre mußte sie warten, bis sie endlich 1933 in das Kloster der Karmelitinnen eintreten durfte. Es war das Jahr der Machtübernahme durch Adolf Hitler!

Das überaus strenge Leben im Kloster brachte für die gelehrte Frau von 42 Jahren eine große äußere Umstellung, die sie aber mit fröhlichem Herzen bestand. Sie sagte, nie habe sie in ihrem Leben soviel gelacht wie während der Probezeit im Kloster. Nachdem sie ihre Gelübde abgelegt hatte, ermöglichten es ihre weitsichtigen Oberen, daß sie ihre Studien weiterführen und Bücher schreiben durfte. Unter diesen sind auch solche über das geistliche Leben, in denen sie immer wieder auf die Frage zurückkommt, warum Gott so unbegreiflich ist. So schreibt sie: „Alle Leiden, die von außen kommen, sind nichts im Vergleich zu der dunklen Nacht der Seele, wenn das göttliche Licht nicht mehr leuchtet und die Stimme des Herrn nicht mehr spricht. Gott ist da, aber er ist verborgen und schweigt. Warum das so ist?" Edith Stein, die jetzt den Klosternamen Schwester Benedicta vom Kreuz trug, findet die gleiche Antwort wie ihr Vorbild, die hl. Theresia: „Christi Leiden und Tod setzen sich fort in jedem seiner Glieder."[26]

In ihrem letzten, nicht mehr vollendeten Buch schreibt sie über ihren Ordensbruder, den hl. Johannes vom Kreuz: „Die Vereinigung mit Gott war die Frucht einer inneren Läuterung, in der eine reichbegabte Natur sich selbst mit dem Kreuz belud und sich Gottes Hand zur Kreuzigung auslieferte; ein Geist von höchster Kraft und Lebendigkeit hat sich gefangen gegeben, ein Herz voll leidenschaftlicher Glut ist in radikalem Verzicht zur Ruhe gekommen."[27] Diese Worte könnten auch über Edith Steins Leben geschrieben werden!

Als geborene Jüdin kam sie bald in Konflikt mit der Gestapo. Ihre Mitschwestern wollten sie in ein ausländisches Kloster versetzen; so kam sie nach Holland, wo sie am 2. August 1942 verhaftet und nach Auschwitz verschleppt wurde. Nur noch wenige Nachrichten von ihr kamen in die Heimat. Am 9. August schon endete ihr Leben in einer Gaskammer. Ein paar Monate zuvor hatte sie geschrieben: „Eine Einsicht in das Kreuz kann man nur gewinnen, wenn man das Kreuz gründlich zu spüren bekommt."[28]

6. „*Gott in mir*"

Aus der unzählbar großen Schar der Gottsucher habe ich zum Schluß noch den 1961 tödlich verunglückten Generalsekretär der Vereinten Nationen, Dag Hammarskjöld, ausgewählt. Er schreibt über sich selbst: „Von Generationen von Soldaten und Verwaltungsbeamten väterlicherseits erbte ich den Glauben, daß kein Leben befriedigender sei als das des selbstlosen Dienstes für Vaterland oder Menschheit. – Von Gelehrten und Geistlichen mütterlicherseits erbte ich den Glauben, daß in dem wirklich radikalen Geist der Evangelien alle Menschen gleich sind als Kinder Gottes und so von uns betrachtet und behandelt werden müssen." Er beruft sich dann auf die Ethik Albert Schweitzers, des Urwalddoktors: „In seinem Werk habe ich auch einen Schlüssel für den modernen Menschen zur Welt des Evangeliums gefunden."[29]

Es scheint, daß Dag Hammarskjöld ohne große Erschütterungen in seinen christlichen Glauben lebte. Wer aber aufmerksam in seinem Tagebuch liest, der spürt, daß dieser Mann innerlich einen Reifeprozeß durchmachte, ja durchlitt, der keinem echten Gottsucher erspart bleibt. Zwar gibt er darüber in seiner verhaltenen nordischen Art nur spärlich Auskunft. Aber es ist doch sehr bezeichnend, daß er, der Protestant, sich immer mehr von den Schriften der katholischen Mystiker angezogen fühlte. Er schreibt darüber: „Die Erklärung aber, wie ein Mensch ein Leben aktiven gesellschaftlichen Dienens in vollkommener Übereinstimmung mit sich selbst als Glied der Gemeinschaft des Geistes leben soll, habe ich in den Schriften der großen mittelalterlichen Mystiker gefunden. Für sie war Selbsthingabe der Weg zur Selbstverwirklichung. Sie fanden in der Einsamkeit des Geistes und in der Innerlichkeit die Kraft, ja zu sagen, wo immer sie sich den Forderungen ihrer bedürftigen Mitmenschen gegenübergestellt sahen. Liebe – dieses oft mißbrauchte und falsch verstandene Wort – bedeutete für sie nichts als das Überfließen der Kraft, von der sie sich erfüllt fühlten, wenn sie in wahrhaftem Selbstvergessen lebten. Und diese Liebe fand ihren natürlichen Ausdruck in einer vorbehaltlosen Erfüllung ihrer Pflicht und in einer uneingeschränkten Hingabe alles dessen, was das Leben ihnen persönlich an Mühen, Leiden – oder an Beglükkung – brachte."[30]

Diese Berufung Hammarskjölds auf die Mystiker schließt die unbedingte Hingabe des eigenen Willens an Gott und die Annahme des verfügten Kreuzes ein. Als er zum Generalsekretär der Vereinten Nationen gewählt wurde, schrieb er in sein Tagebuch: „So kam er denn wirklich, der Tag, da die Sorge klein ward. Weil das Schwere, das mich traf, bedeutungslos war im Licht der Forderung, die Gott an mich stellte. Aber wie schwer, zu fühlen, daß dies auch – und eben deshalb – der Tag war, da die Freude groß wurde: Nicht ich, sondern Gott in mir."[31]

Schon den zwanzigjährigen Studenten beschäftigte die Idee des Opfers als Selbsthingabe. Später, in seinem hohen Amt angefeindet, schrieb er: „Möge ich Opfer sein."[32] Und im letzten Jahr seines Lebens: „Jetzt bin ich der Gewählte, festgespannt

auf den Block, um Opfer zu werden."[33] Als das Flugzeug im kongolesischen Busch abstürzte – die Ursache ist bis heute ungeklärt –, war sein Lebensopfer vollbracht. Sterbend durfte er wohl erfahren, was er zwei Jahre zuvor schrieb: „Für den, der glaubt, wird das letzte Wunder größer als das erste sein."[34] Seine letzte Lektüre war die „Nachfolge Christi"; sein letztes Gespräch kurz vor dem Abflug in den Tod kreiste um den Liebesbegriff bei den mittelalterlichen Mystikern. Dag Hammarskjöld hatte Gott gesucht und gefunden.
Zum Abschluß noch ein Gebet dieses großen Menschen:

> „Gib mir einen reinen Sinn – daß ich dich erblicke,
> einen demütigen Sinn – daß ich dich höre,
> einen liebenden Sinn – daß ich dir diene,
> einen gläubigen Sinn – daß ich in dir bleibe."[35]

Christliche Lebenshilfen

In den folgenden Meditationen soll der Apostel Paulus zu uns sprechen. Ich greife aus dem 5. Kapitel seines ersten Briefes an die Christengemeinde in Thessalonich ein paar Sätze heraus und übertrage sie in die Situation des Menschen von heute.

1. *„Haltet Frieden untereinander!"*

Der erste Satz, den wir jetzt bedenken wollen, heißt: „Haltet Frieden untereinander" (1 Thess 5,13b). Diese hochaktuelle Mahnung steht für die Christen in Thessalonich in einem ganz bestimmten Zusammenhang. Es scheint dort zu Streitereien zwischen ihnen und den Gemeindevorstehern gekommen zu sein. Das gibt es auch heute noch, und das kann eine christliche Gemeinde bis in die Familien hinein entzweien und vergiften. Paulus mahnt zum Frieden und schreibt, daß die Leiter der Gemeinde ihr „im Herrn vorstehen" (5,12b), das heißt, diese wahrscheinlich recht einfachen Männer haben ihr Amt von Christus. Jesus Christus ist der eigentliche Gemeindevorsteher; von ihm her erhalten die menschlichen Gemeindeleiter ihren Auftrag.

Das sollten auch wir bedenken, wenn uns der eine oder andere Pfarrer nicht paßt. Noch mehr wird das für die Zukunft gelten, wenn sich wegen des Pfarrermangels andere Formen für die Gemeindeleitung zwangsläufig entwickeln werden. „Haltet Frieden untereinander!"

Aber stellen wir diesen Satz doch auch in die Wirklichkeit unseres nichtkirchlichen Lebens. Nehmen wir eine ganz normale Arbeitswoche. Das Betriebsklima ist vielleicht nicht gut. Einige Kollegen erzählen etwa am Montag früh ihre Erlebnisse vom Wochenende, ihre bekannten unsauberen Witze. Sie kennen das ja. Man hat nicht recht ausgeschlafen, man ist mürrisch, schlecht gelaunt, die Arbeit läuft mühsam an. Und schon schimpft jemand; ein Wort gibt das andere. – „Haltet Frieden untereinander!“

Das ist eine ganz entscheidend christliche Aufgabe. Jesus will den Frieden, den Gewaltverzicht, die Gewaltlosigkeit. Friede ist eine größere Macht als Gewalt und Angriff. Wer sich zu Jesus bekennt und seine aktuelle Botschaft annimmt, muß sich ganz ernsthaft um den Frieden bemühen. Im kleinen Bereich der Ehe und Familie, im Geschäft und im Betrieb, im Straßenverkehr und im Zug. „Selig die Friedenstifter!“ sagt Jesus (Mt 5,9). Wenn wir sein Wort und sein Beispiel ernst nehmen, müssen wir uns seinen Maßstäben unterordnen, auf Gewalt, Aggressionen, Schimpfen, Schlagen, Trotzen verzichten und aufeinander zugehen und einander annehmen. Die Bergpredigt Jesu muß die ewige Unruhe der Christen bleiben, denn sie weist eindeutig in die Richtung der Gewaltlosigkeit.

Damit sind wir aber auch alle verpflichtet, dabei mitzuhelfen, daß im politischen Leben der Friede erhalten bleibt oder wiederhergestellt wird. Dazu sind unerhörte Anstrengungen nötig. „Ein dauerhafter Friede kann nicht durch Angst, sondern nur durch Vertrauen erreicht werden, und daher sind nicht Waffen die Hoffnung der Zukunft, sondern Beispiele christlichen Dienstes“, wie Peter Trummer schreibt[36].

2. *„Ermahnt die Haltlosen!“*

Wir wollen wieder über einen kleinen Satz aus dem 5. Kapitel des 1. Thessalonicherbriefes nachdenken. Paulus schreibt: „Wir rufen euch auf, Brüder: Ermahnt die Haltlosen!“ (V. 14a).

Wenn es da heißt: „Wir rufen euch auf“, dann meint dieses Wort in seinem vollen Sinn: wir fordern euch auf, wir muntern euch auf, wir wollen euch aneifern und anfeuern, euch bedrängen, ja beschwören, euch eindringlich bitten. Paulus war ein leidenschaftlicher Mann und ein Meister der Umgangssprache. Er wußte, wie er seine Christen in der Hafenstadt Thessalonich anzusprechen hatte, damit sie reagierten. In der jungen Gemeinde gab es ja nicht lauter Heilige. Da waren auch haltlose Leute und andere, mit denen wir uns noch werden zu beschäftigen haben. Auf jeden Fall darf man sie nicht hängenlassen. Mit dem eindringlichsten Wort, das ihm zur Verfügung steht, wendet sich der Apostel an die Christen und erinnert sie an ihre Verantwortung für die Mitmenschen, bei denen irgend etwas nicht stimmt.

Zunächst geht es dem Paulus um die Haltlosen. Die gab es also auch schon in den frühesten Gemeinden. Unordentliche Leute, das meint das Wort, das hier steht, die sich nicht in das wirtschaftliche und gesellschaftliche Leben einordnen wollten oder konnten. Es waren auch solche dabei, die einfach in den Tag hineinlebten in der Hoffnung, daß die Wiederkunft Jesu ganz nahe bevorstehe, eine Hoffnung, die ja auch Paulus eine Zeitlang hatte.

Haltlose Leute, damals und heute. Wir kennen sie, die mitten unter uns leben: die Hascher und Fixer, die Arbeitsscheuen und Gammler, die Streuner und Stricher. Es ist außerordentlich schwer, ein abgewogenes Urteil über sie zu fällen. Jesus sagt: „Richtet nicht, so werdet ihr nicht gerichtet werden" (Lk 6,37). Vielmehr sind wir aufgerufen zur helfenden Tat. Paulus verweist uns ausdrücklich auf diese Aufgabe, einfach dadurch, daß er diese unsere Mitmenschen erwähnt. Er verschweigt sie nicht, sondern fordert uns auf: „Ermahnt die Haltlosen."

Wir wollen wieder das Wort untersuchen, das er verwendet. Ermahnen, also auf die Folgen aufmerksam machen, so wie es etwa der Arzt Hermann Dobbelstein in seinem bemerkenswerten Taschenbuch tut: „Porno und Hasch", erschienen in der Herderbücherei, Nr. 405. Das Wort heißt aber auch warnen oder zurechtweisen. Manchesmal ist auch das nötig und richtig. Die weiche Welle kommt nicht immer an. – Das Wort heißt überdies: etwas ans Herz legen. Das ist die Sprache des Seelsorgers, der wirklich in Sorge ist um die Haltlosen, die ihm ja besonders aufgetragen sind. Aber nicht nur ihm, sondern allen Gliedern der christlichen Gemeinde im gegenseitigen brüderlichen und schwesterlichen Dienst.

Das ist und bleibt eine unabweisbare Aufgabe für uns Christen, und wir müssen uns ernsthaft überlegen, was wir hier direkt oder indirekt tun können in Zusammenarbeit mit allen Menschen guten Willens. Es scheint ja, daß die Zahl der Haltlosen immer mehr anwächst, zumal wenn wir an die große Zahl der jugendlichen Arbeitslosen denken. „Wir rufen euch auf: Ermahnt die Haltlosen!"

3. *„Sprecht den Mutlosen Mut zu!"*

Im 5. Kapitel des 1. Thessalonicherbriefes steht ein Satz, der auch uns zu denken gibt und uns zur Tat aufruft. Er heißt: „Sprecht den Mutlosen Mut zu" (V. 14b). Dieser Anruf ist eine eindringliche Aufforderung und zeigt, wie gut Paulus seine Christen kannte. Sie waren nicht alle hochgemute, tapfere Leute, wie man es eigentlich erwarten sollte. Sie hatten doch in einer freiwilligen Entscheidung Christus ihren Glauben geschenkt und sich taufen lassen. Der Apostel weiß aber selbst zu gut, daß es Stunden und Zeiten der Mutlosigkeit gibt; er hat sie persönlich erfahren. So weiß er auch, wie es in einem Menschen aussieht, wenn der Pegel des Mutes ganz tief gesunken ist, wenn er kleinmütig oder gar mutlos geworden ist. Es gibt mehr solche Zeitgenossen, als wir ahnen; denn manche Leute können ihre Mutlosigkeit und Hilflosigkeit, ihre innere Unsicherheit ganz gut überspielen. Erst wenn man sie genauer kennenlernt, merkt man, wie mutlos, wie hoffnungslos sie sind.

Das gilt schon für Kinder, die ihre Unsicherheit mit Angeberei oder Trotz tarnen; das zeigt sich bei unseren jungen Leuten, wenn sie ganz mächtig auf die Hupe drücken und mit ihrem Gehabe herausfordern; das setzt sich fort bei Erwachsenen, die langsam aufgeben und sich zurückziehen. Mutlosigkeit, Kleinmut kann eine schreckliche Lebenslast werden, die uns nicht gleichgültig lassen darf.

Gerade weil wir Christen uns angenommen wissen von Gott, weil wir selbst den Heiligen Geist als Beistand und Helfer und Tröster haben dürfen, müssen wir uns um die Mutlosen und Kleinmütigen ernsthaft kümmern. Paulus sagt, wir sollen ihnen Mut zusprechen. Das heißt nicht: sie beschwätzen, sie über ihre wirkliche innere oder auch äußere Not hinwegtäuschen. Es bedeutet vielmehr, sich solchen Menschen tatkräftig zuwenden, offen, aber verständnisvoll, ja freundschaftlich mit ihnen reden, ihre Not aufdecken, aber auch die heilenden Kräfte wecken. Ihnen Mut machen, denn in jedem Menschen steckt ein Kern von Mut, den man stärken und entwickeln kann.

So handelt Gott an uns. Er macht uns Mut durch Christus und zeigt uns an seinem Beispiel, daß auch die Stunden tiefster Verlassenheit nicht vergebens sind, denn der Vater hat seinen Sohn auferweckt von den Toten und hat ihn die Verwesung nicht schauen lassen. Weil wir selbst so getröstet sind durch die Tat Gottes an Christus und weil Christus uns geliebt und sich für uns hingegeben hat, können wir auch andere trösten und ihnen Mut zusprechen, Mut machen. Dazu kommt der hoffnungsvolle Ausblick in die Zukunft voll Herrlichkeit: „Denn die Leiden der gegenwärtigen Zeit bedeuten nichts gegenüber der

Herrlichkeit, die künftig an uns offenbar werden soll", wie Paulus im Römerbrief schreibt (8,18).

Der Apostel selbst hat den Christen in Thessalonich das überzeugende Beispiel für ihr Verhalten gegen Mutlose gegeben. Er erinnert sie daran und schreibt: „Ihr wißt ja, wie wir jedem einzelnen von euch wie ein Vater seinen Kindern zugeredet und Mut zugesprochen und euch beschworen haben, euren Wandel Gottes würdig zu führen, der euch zu seinem Reich und seiner Herrlichkeit berufen hat" (1 Thess 2,11–12). Ohne solchen persönlichen Einsatz wird es auch bei uns nicht gehen, wenn wir Ernst machen wollen mit dem Wort: „Sprecht den Mutlosen Mut zu!"

4. *„Kümmert euch um die Schwachen!"*

Paulus setzt seine Mahnungen an die Christen in Thessalonich fort mit dem Satz: „Kümmert euch um die Schwachen!" (1 Thess 5,14c). So wie es in der Christengemeinde der großen, reichen Hafen- und Handelsstadt Thessalonich Streithähne gab, aber auch Haltlose und Mutlose, so gab es selbstverständlich auch Schwache. Was will der Apostel damit sagen? Es gab Christen, die noch schwach waren in ihrem Glauben oder nach anfänglichem Eifer wieder erlahmten. Man darf sich die ersten Christengemeinden nicht zu ideal vorstellen. Die Gefährdung durch die erdrückend große heidnische Umgebung war einfach da, und nicht alle konnten ihr auf die Dauer widerstehen. Die hohen Werte des Glaubens und der christlichen Lebensart konnten nicht von allen durchgehalten werden, zumal wenn die Familie und die nähere Umgebung heidnisch war und so lebte, wie man eben halt lebte, mit den typischen Lastern des alten Heidentums, die wir nicht bloß aus der Bibel kennen.

Paulus nimmt das alles sehr realistisch, aber er will auch, daß sich die Gemeindeglieder um die Schwachen kümmern, sich ihrer annehmen, sich um sie bemühen. Das ist auch eine Aufgabe für uns. Gewiß zunächst in der eigenen Gemeinde, soweit wir aktiv in einer christlichen Gemeinde stehen. Aber auch alle anderen kennen in ihrem Lebenskreis schwache Menschen, die es ohne Mithilfe nicht schaffen, gut zu bleiben, ehrlich zu sein, ihre Ehe in Ordnung zu halten usw.

Um solche Mitmenschen muß man sich kümmern. Christlich gesehen deshalb, weil sich auch Christus um uns gekümmert hat.

Er hat uns angenommen und geliebt, als wir noch schwach waren: „Ist doch Christus, als wir noch schwach waren, für uns Sünder gestorben", schreibt Paulus im Römerbrief (5,6). Und der Apostel selbst hat das Beispiel des Meisters nachgeahmt, wie er an die Christen in Korinth schreibt: „Für die Schwachen bin ich schwach geworden, um die Schwachen zu gewinnen" (1 Kor 9,22).

Damit stellt er aber ein ganz wichtiges Gesetz auf: Nicht der Vollkommene, Erhabene, Selbstgerechte kann einem Schwachen helfen. Ihm gegenüber fühlt sich der Schwache unsicher und traut sich nichts zu. Wenn er aber sieht, daß der, der ihm helfen will, auch seine Schwächen hat, aber tapfer gegen sie ankämpft, bekommt auch er Mut und nimmt ebenfalls den Kampf auf.

Wenn wir zum Schluß das Wort schwach noch in einem weiteren Sinn verstehen wollen, so wie ich es vorhin schon andeutete, dann bekommt die Mahnung des Paulus: „Kümmert euch um die Schwachen" den gerade heute so wichtigen Inhalt der mitmenschlichen Lebenshilfe. Dazu sind wir alle aufgerufen, und nur verhältnismäßig selten wird jemand so schwach sein, daß er nicht einem noch Schwächeren beistehen kann, und wenn es nur durch ein gutes Wort oder einen freundlichen, aufmunternden Blick geschieht. Möglichkeiten dazu gibt es noch und noch, denn wer wollte ernsthaft von sich sagen, daß er in allem stark ist? Also braucht jeder von uns jemand, der sich seiner annimmt. „Kümmert euch um die Schwachen!"

5. *„Seid großmütig gegen alle!"*

Paulus mahnt die Christen in Thessalonich: „Seid großmütig gegen alle!" (1 Thess 5,14d). Man kann auch übersetzen: „Seid langmütig gegen alle!" Welches Wort man auch im Deutschen wählt, etwa geduldig, es bedeutet keinesfalls Nachgiebigkeit oder Bequemlichkeit. Es ist zunächst überhaupt keine Verhaltensweise des Menschen damit beschrieben, sondern es bezeichnet eine Eigenschaft Gottes. Großmut, Langmut, so nennt die Heilige Schrift das Vollmaß der unüberbietbaren Bereitschaft schenkender und vergebender Gnade Gottes. Seine Großmut und Langmut kennt keine Grenzen; sie ist Ausfluß seiner unermeßlichen Liebe, mit der er gerade auch den Schwachen, den Sünder umfängt. Sie ist das ständige Angebot seines göttlichen Du an den Menschen, der in seinem Ich zu ersticken droht.

Diese Großmut Gottes zeigt sich in Jesus Christus, von dem Paulus sagt: „Mir ist Barmherzigkeit widerfahren, damit Jesus Christus an mir als erstem erweise, wie groß seine Langmut ist" (1 Tim 1,16a). Weil aber Gott und Christus so sind, so großmütig, langmütig, geduldig, ergibt sich für den Christen die Pflicht, sich gegen seine Mitmenschen ebenso zu verhalten. Die göttliche Großmut, die wir immer neue erfahren, vor allem im Vergeben unserer Schuld, fordert die menschliche Großmut ein. Gottes Langmut ist gebunden an die Langmut des Menschen seinen Mitmenschen gegenüber. „Diese unzerreißbare Verknüpfung der erfahrenen Liebe Gottes mit der Nächstenliebe macht Jesus immer wieder geltend." [37]

Diese Gesinnung und Haltung fordert Paulus von den Christen. Immer wieder kommt er darauf zu sprechen. „Die rechte Erkenntnis der Großmut Gottes verpflichtet den glaubenden Christen zur Großmut im Gemeindeleben." [38] Ja, Paulus fordert sie allen Menschen gegenüber: „Seid großmütig gegen alle." Wir sollten uns diesen Satz gut merken, weil wir ja von Natur aus eher zum Gegenteil neigen. Wie oft sind wir kleinlich, engstirnig, verbohrt und pochen auf unser schwach begründetes Recht. Wie sehr gleichen wir dem Mann, dem eben eine übergroße Schuld erlassen wurde und der seinen Mitarbeiter trifft, der ihm einen geringen Betrag schuldet, ihn packt und würgt und sagt: „Bezahle, was du mir schuldest" (Mt 18,28). Jesus schließt dieses erschütternde Gleichnis mit dem bezeichnenden Satz: „So wird mein himmlischer Vater mit euch verfahren, wenn nicht jeder seinem Bruder von Herzen vergibt" (Mt 18,35).

Solche vergebende Liebe ist keine falsche Nachgiebigkeit, wie denn die Langmut Gottes „nichts übersieht; sie sieht nur weiter als der Mensch, sie sieht bis ans Ende" [39]. Großmut ist Frucht des uns geschenkten Geistes und ist der Liebe zugeordnet; sie ist keine Schwäche, sondern eine Kraft, in der sich die Größe eines Menschen zeigt, der selbst erfahren hat, was für ihn vergebende Liebe, Geduld und Großmut bedeuten.

In unserem oft so kleinkarierten Alltag müßte dieser Satz ganz groß geschrieben werden. Im Straßenverkehr, am Familientisch, in der Werkstatt und am Fließband, im ehelichen Leben und im Kollegenkreis sollten wir immer wieder bedenken: „Seid großmütig, langmütig, geduldig gegen alle!"

Zum Abschluß dieser Meditationen entbietet uns Paulus einen liebenswürdigen Wunsch: „Freut euch in jeder Lage!" (1 Thess 5,16). Man kann auch übersetzen: „Seid allzeit fröhlich!" Wie immer man den Satz verstehen will, er ist hintergründiger, tiefer, als er sich liest. Freude, Fröhlichkeit – das hören wir gern.

Doch rein vordergründige Freude vergeht rasch, und es bleibt nur die Erinnerung. Wie steht es aber mit einer dauernden Freude? „Seid allzeit fröhlich!" Ist das nicht überspannt? Wie kann Paulus so etwas schreiben? Das gibt es ja nicht: allzeit fröhlich sein. Zugegeben, das ist schwer, und ich bringe es auch nicht immer fertig. Trotzdem bleibt es eine Zielforderung, auch wenn der einzelne das Ziel nicht erreicht. Das ist wie bei sportlichen Wettkämpfen: nicht jeder kann gewinnen, und doch trainieren alle Teilnehmer unermüdlich.

Ich glaube, wir kommen der Sache näher, wenn wir nüchtern sagen: Solche Fröhlichkeit meint nicht ein äußeres Gehabe, nicht eine aufdringliche, gemachte Lustigkeit, nicht den Zustand eines Playboys. Gemeint ist vielmehr die tiefe, stille Freude des Herzens, das auch dann noch fröhlicher sein kann, wenn einem etwas weh tut. Gemeint ist die Freude des Gemütes, weil ich mich geborgen weiß im Glauben an Gott. Und weil ich zu Jesus Christus gehöre, der der Freudenbote Gottes ist. Aber auch dann gehen für den Christen nicht alle Rätsel des Lebens in Wohlgefallen und Freude auf. Doch er lebt gerade in der Bedrängnis aus der Kraft der Hoffnung, daß er mit Christus zwar leiden und sterben muß, daß er aber mit ihm auch aufersteht zum ewigen, bleibenden, leidlosen Leben. Er kann sich an das Wort Jesu halten: „Ich werde euch wiedersehen, und dann wird euer Herz sich freuen, und diese Freude vermag euch niemand zu nehmen" (Jo 16,22).

Das Wort Freude gehört auf jeden Fall zu den menschlichen und christlichen Urworten. Als Menschen freuen wir uns über alles Schöne und Gute in der Welt. Als Glaubende freuen wir uns darüber, daß Gott gut ist und uns und alle Menschen liebt. Als Christen freuen wir uns darüber, daß Gott uns seine Liebe erfahren läßt in Jesus Christus, in dem uns „die Güte und Menschenfreundlichkeit unseres Rettergottes erschienen ist" (Tit 3,4). Wir freuen uns über die Gemeinschaft der Glaubenden, in der wir aktiv daran mitarbeiten können, daß es den Menschen besser geht, daß sie im Frieden miteinander leben, daß sie glücklich sind. „Freut euch also in jeder Lage!"

Haltet fest am Guten!

Die Briefe des Apostels Paulus waren zu seiner Zeit höchst aktuell; man könnte auch sagen: up to date. Immer hatte er die Hand am Puls der Zeit, immer schrieb er in eine bestimmte Lage hinein. So auch in seinem Brief an die Gemeinde der Christen in Rom. Wir wollen in den folgenden Kurz-Meditationen einige Sätze aus dem 12. Kapitel des Römerbriefes durchdenken und gleich mit einem markanten Satz beginnen:

1. „Die Liebe sei ungeheuchelt!"

Das schreibt also Paulus den Christen von damals. Er muß wohl einen Grund dafür gehabt haben. Viele Leute sind auch heute noch davon überzeugt, daß die Christen in ihrem Leben Heuchler seien. Sie wollen vor allem nicht glauben, daß die christliche Liebe ungeheuchelt, ohne falsche Absicht sei. Wir sollten uns nicht gleich entrüstet zur Wehr setzen, wenn man so über uns redet und denkt. Das Frommsein ist allemal eine schwierige Sache, früher wie heute, und Christen wollen doch fromme Leute sein. Das ist ohne Hintergedanken gesagt. Ja, wie sollen sogar fromme Leute sein, und das ist halt schwierig. Schwierig besonders bei der wichtigsten christlichen Aufgabe, bei der Liebe.

Im 13. Kapitel des 1. Korintherbriefes nennt Paulus ein paar Eigenschaften der christlichen Liebe: langmütig soll sie sein, freundlich und ohne Neid; nicht anmaßend, nichts nachtragend. Sie freut sich mit der Wahrheit. Wir spüren, wie schwierig das ist und wie gefährlich nah das Heucheln liegt. Bloß so tun, als ob. Das ist leichter als die wirkliche Liebe, die alles Gute von anderen glaubt, und wenn sie hundertmal enttäuscht wurde; die alles hofft, alles duldet.

Gerade wenn wir echte Christen sein wollen, müssen wir uns unter das harte Wort des Paulus stellen: „Die Liebe sei ungeheuchelt." Jesus hat den frommen Leuten seiner Zeit, den Pharisäern und Gesetzesgelehrten, mehr als einmal den Vorwurf gemacht: „Ihr Heuchler!"

Ein Christ muß sich immer wieder in Frage stellen lassen von seiner Liebe her. Seine Angehörigen, seine Nachbarn und Arbeitskollegen nehmen ihm die Maske ab, die er zur Schau trägt, und prüfen ihn auf seine Liebe hin. Ob sie selbstlos ist, ob sie allen gilt, ob sie einfach ist und gut, ob sie jederzeit ansprechbar ist. Ob sie ebenso ist, wie sie Jesus sich vorstellt und wie er selbst sie geübt hat. Er aber war gut zu den Bedrückten und Entrechteten, zu den Außenseitern und Sündern, zu Zöllnern und Dirnen. Wenn wir merken, daß es mit unserer Liebe noch nicht stimmt, und das wird oft genug der Fall sein, dann können wir immer wieder neu anfangen. Das ist die unvergleichliche Möglichkeit für einen Menschen in der Nachfolge Christi. Aber die Forderung bleibt: „Die Liebe sei ungeheuchelt!"

2. „*Verabscheut das Böse, haltet fest am Guten!*"

Dieser Satz des Apostels Paulus aus dem Römerbrief (12,9b) klingt sehr entschieden, und so ist er auch gemeint. Bös und Gut ist ein Gegensatz, den jeder Mensch in sich selbst und in seiner Umgebung erfährt. Dazu muß ich Stellung nehmen. Ich kann mich nicht neutral verhalten. Sprechen wir zunächst vom Bösen. Man hat unsere Zeit schon eine Zeit des Terrors genannt. Wieviel Böses ist schon geschehen in diesen letzten Jahren: in Irland, in Burundi, in Vietnam, in Angola und Portugal, im Vorderen Orient, bei uns in der Bundesrepublik. Das kann uns Christen doch nicht gleichgültig sein. Jesus läßt uns beten: „Erlöse uns von dem Bösen." Das will heißen: Allein schaffen wir es gar nicht. Gott muß uns beistehen und helfen, daß wir mit dem Bösen fertig werden. Das gilt um so mehr, wenn wir am biblischen und kirchlichen Glauben festhalten, daß es sich nicht um ein unbestimmbares, unpersönliches Böses handelt, sondern um das Böse in Person, um den Bösen, um den so verspotteten und doch so wirklichen Teufel.

Aber wir sollen nicht nur darum beten, daß Gott uns vor der Macht dieses Bösen erlöse; wir sollen uns auch aktiv von ihm abwenden, so wie Paulus sagt: „Verabscheut das Böse!" Das heißt zunächst, daß wir das Böse als solches erkennen und bewerten. Daß wir uns nicht einnebeln lassen und die richtigen Wertmaßstäbe verlieren, sondern klar erkennen: Es gibt wirklich Böses, und wir müssen uns dagegen mit aller Entschiedenheit wehren. Wir dürfen es nicht dulden, sondern müssen es bekämpfen, jeder mit den Mitteln, die ihm möglich sind. Ich weiß, daß das unter Umständen sehr schwierig ist und ein hohes Maß von Geduld und Einsatz fordert, besonders jungen Leuten gegenüber, die der Gewalt des Bösen verfallen sind. Oft wird nur die noch größere Macht des Gebetes helfen. Auf jeden Fall aber sind wir als Christen dazu aufgerufen, dem Bösen zu widerstehen und es zu verabscheuen.

Wir sind aber auch dazu aufgefordert, am Guten festzuhalten. Wenn wir davon überzeugt sind, daß Gott „uns aus der Macht der Finsternis errettet und in das Reich seines geliebten Sohnes versetzt hat", wie es im Kolosserbrief heißt (1,13), dann ist das Gute in uns nicht bloß ein Gefühl, sondern eine Tatsache, die genauso wirklich ist wie das Böse, der Böse. Denn auch das Gute ist eine persönliche Macht, der gute Gott. Wenn wir an ihm festhalten, sind wir unüberwindlich. Dazu ist aber unsererseits Mut notwendig, persönlicher Einsatz und ausdauernde Treue. Wir müssen nur die Augen aufmachen, dann sehen wir, wieviel Gutes in uns und um uns herum da ist; wie viele gute Menschen es gibt, gewiß mit Schwächen behaftet, aber doch im Grunde gut und bereit, Gutes zu tun. Wenn wir zusammenstehen, schaffen wir die bessere Welt, die gute Welt Gottes, nach der wir uns ja alle sehnen. Machen wir es uns zum Grundsatz: „Verabscheut das Böse, haltet fest am Guten!"

3. *„Seid herzlich zueinander!"*

Der bekannte französische Philosoph Jean-Paul Sartre hat den Satz geprägt: „Die Hölle, das sind die anderen." Also die lieben Mitmenschen bis hinein in die Familien und in den Freundeskreis, ganz zu schweigen vom Arbeitsplatz, der doch häufig Anlaß zu Mißstimmungen und zum Ärger bietet. Ganz unrecht hat Sartre nicht, wenn man die Rechnung einfach innerweltlich macht, ohne an das Evangelium zu denken. Von da her möchte ich J. P. Sartre allerdings widersprechen und an ein Wort des Apostels Paulus aus dem 12. Kapitel des Römerbriefes erinnern. Es heißt: „In der Bruderliebe seid herzlich zueinander" (V. 10a).

Da ist zuerst zu vermerken, daß wir tatsächlich Brüder und Schwestern sind. Schon im rein mitmenschlichen Bereich gilt das:

Wir sind als Glieder der großen Menschheitsfamilie Brüder und Schwestern, Geschwister. Wenn wir das immer wieder bedenken und tun würden, wäre unser Zusammenleben in allen Bereichen viel leichter und angenehmer. Nicht umsonst geben sich unterdrückte Menschengruppen häufig den Namen „Bruderschaft", um anzudeuten, wie mitmenschliches Zusammenleben eigentlich sein soll. Der Bruder weiß sich dem Bruder, der Schwester durch das gleiche Band des Blutes, durch die gemeinsame Familie aufs innigste verbunden. Einer sollte des anderen Herzbruder sein. Bruderherz, das ist ein Zauberwort, das verborgene Zugänge öffnet und die Herzen einander erschließt. Nichts braucht eine zerrissene Menschheit und Gesellschaft mehr als die echte Bruderliebe!

Gerade hier aber setzt die Botschaft Jesu Christi ein. Er sagt zu seinen Jüngern: „Ihr alle seid Brüder" (Mt 23,8). Das ist ein Grundgesetz seiner Gemeinschaft. Man kann gar nicht anders Christ sein, als indem man sich als Bruder und Schwester versteht. Deshalb sprachen sich die ersten Christen auch so an: Bruder Paulus, Schwester Phöbe. Eine christliche Gemeinde oder Gruppe müßte, von diesem Selbstverständnis her gesehen, ein überzeugendes Modell für die allgemeine menschliche Brüderlichkeit sein. In ihr sind ja grundsätzlich alle Gegensätze zwischen arm und reich, begabt und unbegabt, frei und unfrei ausgeräumt durch die gleiche Gnadengabe Gottes, die alle in Jesus Christus empfangen haben. Insofern ist es eine bitterböse Sache, was sich seit Jahren in Nordirland zwischen Protestanten und Katholiken abspielt. Da hat Sartre recht: „Die Hölle, das sind die anderen." Das aber ist zweifellos gegen den Geist Jesu und gegen das rechte Selbstverständnis von der christlichen Bruderschaft, die ja nicht haltmachen darf an den sowieso tief bedauerlichen Grenzen der Konfessionen. Wie ganz anders sieht das bei der Gemeinschaft in Taizé aus, wo sich bei den evangelischen Brüdern junge Menschen aus aller Welt treffen, um Brüderlichkeit, Bruderliebe praktisch zu sehen und zu lernen.

Es bleibt dabei: Der Maßstab für das echte Christentum ist die ungeheuchelte Liebe und vor allem die Bruderliebe. Von ihr aber sagt Paulus noch etwas Besonderes: „In der Bruderliebe seid herzlich zueinander!" Man kann das griechische Wort auch noch anders übersetzen; dann heißt es: „Seid zärtlich zueinander!" Wie immer man das verstehen will, es bedeutet auf jeden Fall, daß wir unser Herz weit aufmachen für den Bruder, daß wir ihn herzlich lieben.

4. *„In der Ehrerbietung kommt einander zuvor!“*

Wir haben einige Sätze aus dem 12. Kapitel des Römerbriefes bedacht und haben erkannt, daß der Apostel Paulus uns auf sehr praktische Verhaltensweisen aufmerksam macht. So hieß es: „Die Liebe sei ungeheuchelt!“; „Verabscheut das Böse – haltet fest am Guten!“; „In der Bruderliebe seid herzlich zueinander!“ Da steckt schon allerlei drin, und daraus läßt sich ein vorbildliches christliches Leben aufbauen. Aber auch wer kein Christ ist oder sein will, kann sich in seinem mitmenschlichen Verhalten an solchen Sätzen orientieren, denn schließlich will doch jeder im tiefsten Grund seines Herzens das Gute und vor allem die Liebe.

Nun wollen wir einen weiteren Anruf des Apostels hören und bedenken. Er lautet: „In der Ehrerbietung kommt einander zuvor!“ (Röm 12,10b). Mir scheint, daß wir hier auf eine besonders wichtige Verhaltensweise aufmerksam gemacht werden. Jemand die ihm gebührende Ehre als Mensch und Mitmensch zu entbieten, gerät so langsam in Vergessenheit. Ich sehe einmal ab von den unflätigen Beschimpfungen, denen heute Lehrer und Professoren, Politiker und Polizeibeamte ausgesetzt sind. Ich denke vielmehr an die allgemeinen Umgangsformen, etwa in öffentlichen Verkehrsmitteln oder im Straßenverkehr. Zuvorkommenheit wird da vielfach ganz klein geschrieben, und es ist selten, daß jüngere Leute den Älteren einen Platz anbieten im überfüllten Bus. Wir kennen das alle, und ich brauche keine weiteren Beispiele aufzuzählen.

Wir wollen vielmehr die Frage untersuchen, warum wir einander in der Ehrerbietung zuvorkommen sollen. Das hängt rein menschlich mit der Würde des andern als Mensch zusammen. Es hat zunächst noch nichts zu tun mit der Stellung oder dem Alter des andern, obwohl ein feiner entwickeltes Verständnis auch darauf Rücksicht nimmt und davor Ehrfurcht hat. Es geht einfach um den Menschen, den ich ehren will, dem ich etwas Gutes tun will, den ich auszeichnen will: mit einem lieben Gruß, mit einem freundlichen Lächeln, mit einer bewußten Zuvorkommenheit. Das fordert von uns ein offenes Herz und einen wachen Blick.

Es geht aber noch tiefer. Jesus fordert seine Jünger auf: „Der Größte unter euch soll wie der Jüngste sein, der Gebieter wie der Dienende“ (Lk 22,26). Hinter der Ehrerbietung steht also der demütige, selbstlose Dienst des Christen. Wer in dieser Gesinnung in seiner Familie und Nachbarschaft, an seiner Arbeitsstelle und im öffentlichen Verkehr sich benimmt, der handelt wirklich christlich. Welches Betriebsklima könnte sich aus solchem Verhalten ergeben, welch angenehmes Zusammenleben in der Familie! Hier haben die Christen aufgrund des Gebotes Christi eine ganz wichtige Aufgabe in der menschlichen Gesellschaft. Uns allen gilt die Mahnung des Apostels: „In der Ehrerbietung kommt einander zuvor!"

5. *„Seid unermüdlich im Eifer – seid glühenden Geistes!"*

Beim Lesen ausgewählter Sätze aus dem 12. Kapitel des Römerbriefes und beim Nachdenken über sie stoßen wir auf den Satz: „Seid unermüdlich im Eifer und seid glühenden Geistes!" (V. 11). Mit diesem Eifer ist nicht eine geschäftige Betriebsamkeit gemeint, eine Gschaftlhuberei oder gar eine nervöse Hetze, die sich mit der inneren Ausgeglichenheit eines Christen gar nicht vereinbaren läßt. Paulus will vielmehr mahnen zum „heiligen Eifer, der volle Hingabe im Dienst an der Gemeinde erfordert. Bei niemandem darf er fehlen. Er gehört zum allgemeinen Christenstand. „Der Begriff Eifer bekommt hier eine allgemeine und grundsätzliche Bedeutung als Kennzeichen des wahren Christen, der weiß, was er ist, und der das Geschenkte nicht verlieren will."[40]

So ist also die Mahnung des Apostels zunächst auf den Einsatz des einzelnen in der christlichen Gemeinde bezogen. Wie viele Dienste sind da zu tun, und wie wenige Christen nehmen tätig am Leben der Kirche teil. Vielleicht gibt Ihnen das Pauluswort einen Stoß in dieser Richtung, und Sie sprechen einmal – bald – mit ihrem Pfarrer darüber, wo man Sie brauchen kann. Paulus redet vom „unermüdlichen Eifer"; Betätigungsfelder gibt es genug. Vor einiger Zeit las ich in einer belgischen Kirche: „Nicht weinen, du bist nicht allein!" Gemeint war der Dienst am alten, einsamen Menschen. „Seid also unermüdlich im Eifer!" Das gilt nicht nur für Christen, sondern für alle Menschen guten Willens, denn so verstandener Eifer gehört zu den Grundhaltungen eines „wahrhaft wertvollen, sittlichen, auf das Gute bedachten Menschen"[41].

Zu dem unermüdlichen Eifer wünscht Paulus: „Seid glühenden Geistes." Gemeint ist eine einsatzfreudige Begeisterung, die den Eifer immer wieder beflügelt. Wir wissen ja nur zu gut, wie schnell wir im Eifer bei einer begonnenen Sache nachlassen. Da brauchen wir wahrhaftig den glühenden Geist, die göttliche Triebkraft des Heiligen Geistes, der uns erleuchtet, antreibt und begeistert, so wie es in dem bekannten Gebet heißt: „Treibe mich, du Heiliger Geist, daß ich Heiliges tue!" Ohne die entflammende Kraft des Gottesgeistes wird unser eigener Antrieb bald zum Erliegen kommen. Nicht umsonst heißt der Heilige Geist bei Jesus, „die Kraft aus der Höhe", die dýnamis, die uns dynamisch macht, spannungs- und kraftgeladen, voll Energie im Dienst des Guten. Wenn wir es so wollen und erbeten, lädt uns der Heilige Geist immer wieder neu auf. „Ohne sein lebendig Wehn nichts im Menschen kann bestehn!" Gewiß können wir über diesen Gottesgeist nicht verfügen und ihn in einem technischen Sinn einsetzen. Er will erbetet sein. Aber „der Vater im Himmel wird den Heiligen Geist denen geben, die ihn darum bitten" – so sagt Jesus (Lk 11,13). „Seid also unermüdlich im Eifer und glühenden Geistes!"

Lebt gerecht und heilig

Unter diese Mahnung des Epheserbriefes (4,24b) wollen wir uns in den folgenden Betrachtungen stellen. Sie sind alle dem 4. Kapitel dieses Briefes entnommen, der an eine Christengemeinde schon der zweiten Generation gerichtet ist und ganz handfeste Anforderungen an die Glieder dieser Kirche stellt.

1. „Legt die Lüge ab und redet die Wahrheit, jeder mit seinem Nächsten; denn wir sind als Glieder miteinander verbunden“ (Eph 4,25)

Das gibt es also unter Christen: Leute, die lügen, ja sogar Lügner. Der Unterschied ist klar: Ein Lügner lügt bei jeder passenden Gelegenheit; er kann das so gut, daß er es selbst nicht mehr merkt, wieweit er von der Wahrheit entfernt ist. Andere – und das sind wir wohl alle – greifen dann und wann zu einer Lüge, um nicht aufzufallen, um uns aus einer Verlegenheit zu retten, um irgendeiner unangenehmen Folge zu entgehen. Notlügen nennt man das und fügt hinzu, es sei ja nicht bös gemeint gewesen. Aber Lüge bleibt Lüge!

Wenn wir genau zusehen, ist das Gewebe der Lüge in uns und um uns herum ziemlich dicht. Wieviel Unwahrhaftigkeit vergiftet das politische, gesellschaftliche und wirtschaftliche Leben. Wieviel Verlogenheit gibt es in den internationalen Beziehungen und in der großen und kleinen Diplomatie. Aber regen wir uns darüber einmal gar nicht auf, sondern kehren wir vor der eigenen Tür. Wie steht es da mit den Beziehungen zwischen den Ehegatten? Zwischen Eltern und Kindern? Wieviel Vertrauen wird da oft durch Lüge und Täuschung zerbrochen und schlägt um in Mißtrauen und Enttäuschung! Immer wieder offenbaren Verhandlungen vor Jugendgerichten, daß der Anfang für die schiefe

Bahn im Elternhaus gelegt wurde, weil Vater und Mutter durch Lüge und Betrug das Vertrauen des Kindes zerstörten.

Seien wir ganz offen: Lüge gibt es auch im kirchlichen Bereich, und dort stößt sie am meisten ab, angefangen von der frömmelnden Scheinheiligkeit bis zu sehr fein gesponnenen Taktiken kirchlicher Diplomatie. Beim letzten Konzil der katholischen Kirche wurde das öffentlich gerügt.

Genug der Beispiele. Hören wir noch einmal genau hin, was im Epheserbrief steht: „Legt die Lüge ab und redet die Wahrheit, jeder mit seinem Nächsten." Das könnte ein guter Anfang einer stillen Besinnung, ja vielleicht unseres ganzen künftigen Lebens werden, besonders wenn wir noch die Begründung dieser Mahnung recht ernst nehmen: „Wir sind als Glieder miteinander verbunden."

Das gilt zunächst von den Gliedern einer christlichen Gemeinde. Von ihnen vor allem werden volle Offenheit und Wahrhaftigkeit verlangt, weil sie so fest miteinander verbunden sind wie die Glieder eines Leibes, die sich ja nicht schädigen dürfen. Wahrheit und Klarheit muß aber auch unter allen Menschen herrschen, gleich welcher Religion sie angehören, denn alle Menschen sind Glieder der einen, großen Menschheitsfamilie. Und die kann nur dann richtig zusammenleben, wenn alle aufrichtig und wahrhaftig, offen und ohne Hinterlist miteinander reden und umgehen. Jesus sagt: „Die Wahrheit wird euch frei machen" (Jo 8,32a).

2. *„Laßt euch durch den Zorn nicht zur Sünde verführen! Die Sonne soll über eurem Zorn nicht untergehen!"* *(Eph 4,26)*

Dieser Mahnsatz des Epheserbriefes ist ganz dem täglichen Leben entnommen. Da wird ein Doppeltes gesagt. Zunächst: daß es offensichtlich einen gerechten Zorn gibt. Wer angesichts eines Unrechts keinen Zorn empfindet und ihm auch Ausdruck gibt, ist kein voller Mensch. Die alten Philosophen sprechen vom Zornmut, vom Mut zum Zorn, und sie haben recht. Wir dürfen dem Bösen nicht gelassen und tatenlos gegenüberstehen, sondern müssen uns für das Gute einsetzen. Das geht einfach nicht ohne Zorn, der uns oft erst handlungsfähig macht. Auch Jesus wurde zornig: über die Hartherzigkeit der Gesetzestreuen (Mk 3,5), über die Geschäftemacher mit dem Heiligen (Mk 11,15–19), über die Macht des Todes (Jo 11,33.38). Es gibt also einen gerechten, ja notwendigen Zorn. Er kann die Atmosphäre reinigen wie ein Gewitter.

Daneben gibt es aber auch einen Zorn, der über das Ziel hinausschießt, der sich zum inneren Groll steigert, um dann loszubrechen, wenn der eigentliche Anlaß vielleicht gar nicht mehr gegeben ist. Solch vorsätzlicher Zorn verführt zur Sünde. Das meint der Verfasser des Briefes. Dann verliert der Zorn seine Kraft, überschreitet das rechte Maß und wird ungerecht, weil er nicht mehr dem Eifer für das Gute entspringt, sondern der Eigensucht.

Wir dürfen nie vergessen: Nachtragen gibt es nicht! Keiner darf sich einigeln in seinen Zorn und Groll. Wenn das Gewitter vorbei ist, scheint die Sonne wieder, und die Luft ist klar und rein. Kein Mensch ist so böse, daß wir ihm nicht wieder die Hand reichen könnten nach einem Zornausbruch. Wir müssen rasch zur Versöhnung bereit sein, gerade dann, wenn wir mit Recht zornig geworden sind. Das gilt vor allem den Schwächeren gegenüber. Das Kind z. B. muß erfahren, daß der Vater, die Mutter es gut mit ihm meinen, auch wenn sie einmal gehörig schimpfen mußten. Spätestens am Abend vor dem Schlafengehen muß es wieder ein gutes, liebes Wort hören, durch das alles in Ordnung kommt. Und wenn es im Geschäft oder im Betrieb gekracht hat, sollte man vor dem Feierabend noch ein versöhnliches Wort finden, damit kein Rest von Kränkung oder innerem Trotz zurückbleibt. Das gilt natürlich erst recht dann, wenn man beim Zorn die Fassung verloren hat und zu weit gegangen ist. Gerade eine solche Entschuldigung macht den Zorn um so glaubwürdiger und ehrt den Zürnenden. Vergessen wir die Mahnung der Bibel nicht: „Laßt euch durch den Zorn nicht zur Sünde verführen! Die Sonne soll über eurem Zorn nicht untergehen!“

3. „Jede Art von Bitterkeit, Wut, Zorn, Geschrei und Lästerung und alles Böse verbannt aus eurer Mitte!“ (Eph 4,31)

Der Verfasser des Briefes an die Epheser hat sich im Leben gut ausgekannt, und daß er seinen Christen so deutlich schreiben konnte, zeigt, daß diese nicht lauter Heilige waren, sondern Menschen wie wir auch. Denn was da steht, kommt doch vor, leider. Wir werden gemahnt und gewarnt vor sechs Entgleisungen. Schauen wir sie der Reihe nach an!

Bitterkeit, heißt es da, soll von uns fernbleiben. Das ist eine böse Sache, wenn einer seinen Groll so in sich wachsen und treiben läßt, daß er innerlich bitter wird und sauer. Das vergiftet das eigene Herz, macht mißtrauisch und kleinlich und führt oft zu Folgerungen, die in keinem Verhältnis zur Sache selbst stehen. Je rascher und entschlossener man damit Schluß macht, etwa in einer guten und vernünftigen Aussprache, desto besser ist es. Sonst wird aus der Erbitterung leicht eine Verbitterung, und die ist schwer zu heilen.

Dann heißt es, Wut und Zorn sollen wir aus unserer Mitte verbannen. Das ist genau das Gegenteil von jenem gerechten Zorn, über den wir in der letzten Betrachtung nachdachten. Verteidigen wir uns nicht zu schnell mit unserem Temperament und mit den kaputten Nerven! Wer rasch zu ungerechtem Zorn und zu Wutausbrüchen neigt, muß lernen, sich zu zügeln. Man erreicht in der Sache selbst meistens gar nichts, sondern zerschlägt mehr Porzellan, als man nachher wieder kitten kann. Das mitmenschliche Zusammenleben geht auf die Dauer nur gut, wenn jeder sich selbst beherrscht. Es gibt selbstverständlich Meinungsverschiedenheiten, aber die müssen unter vernünftigen Leuten in sachlicher Weise ausgetragen werden, und erst recht unter Christen, für die doch das Liebesgebot verpflichtend ist.

Dann ist die Rede davon, daß Geschrei und Lästerung bei Christen nicht vorkommen dürften. Jeder von uns hat solche Szenen schon miterlebt und sich gewundert, was da die lieben Mitmenschen einander an den Kopf werfen. Man sollte für solche Fälle ein Tonbandgerät zur Verfügung haben, um in einer ruhigen Stunde den Betreffenden ihr Geschrei und ihre Schimpferei vorführen zu können; sie würden sich voreinander schämen.

Schließlich heißt es: „Verbannt alles Böse aus eurer Mitte!“ Eigentlich muß man das griechische Wort kakía richtiger mit Schlechtigkeit übersetzen. Gemeint ist nämlich das Verhalten eines bösen Menschen, der sich vorsätzlich dem Guten widersetzt und verschließt, ja der seinen Mitmenschen absichtlich Böses antut. Solche Schlechtigkeit ist „als gemeinschaftszerstörende Macht die Wirklichkeit dieses Kosmos, die Paulus als strafenden Fluch ansieht, der der Ursünde, der Gottlosigkeit, folgt. Aus der Zerstörung der Gemeinschaft mit Gott folgt die der Gemeinschaft der Menschen. – Mit der Schaffung der christlichen Gemeinde ist die Möglichkeit der Ausschaltung dieser die Gemeinschaft zerstörenden Macht gegeben.“[42]

Vergällen und vergiften wir also uns und unseren Mitmenschen das Leben nicht durch Bitterkeit, durch Wut und Zorn, durch Geschrei, Lästerung und Schlechtigkeit. Es ist heute so viel die Rede von der Umweltverschmutzung. Ich glaube, wer verbittert ist, wer tobt und brüllt, vergiftet seine Umwelt noch mehr, als Abgase und Gestank das tun. Und man erreicht am Ende gar nichts damit, sondern muß mit viel Geduld und Ruhe das gestörte Vertrauensverhältnis wieder in Ordnung bringen.

4. *„Über eure Lippen komme kein böses Wort, sondern nur ein gutes, das den, der es braucht, stärkt!“ (Eph 4,29)*

Was hier verlangt wird, ist eine hohe Kunst. Kein böses Wort soll aus unserem Munde kommen! Unwillkürlich denkt man dabei an die Lebensregel, die Jesus aufgestellt hat: „Was aus dem Menschen herauskommt, das macht ihn unrein. Denn von innen, aus dem Herzen der Menschen, kommen die bösen Gedanken, Unzucht, Diebstahl, Mord, Ehebruch, Habgier, Bosheit, Betrug, Ausschweifung, Neid, Verleumdung, Hochmut und Unvernunft. All dieses Böse kommt von innen und macht den Menschen unrein“ (Mk 7,20–23). Darauf also kommt es an, daß wir unser Inneres in Ordnung halten. Daß wir unser Gewissen bilden und ständig verfeinern, so wie man ein empfindliches Instrument pflegt und achtgibt, daß es gut funktioniert. Wenn unser Inneres, unser Herz, unser Gewissen, in der rechten Verfassung ist, dann wird auch kein häßliches Wort aus unserem Munde kommen: kein Schimpfwort, kein Fluch, keine Beleidigung, kein Wutausbruch, kein anzügliches Wort.

Das ist eine wichtige Aufgabe für jeden von uns und wird uns lebenslang beschäftigen. Die moderne Wissenschaft der Tiefenpsychologie, die sich mit dem Seelenleben des Menschen befaßt, hat festgestellt, wie viele falsche Grundhaltungen in uns wuchern, wie viele sogenannten Aggressionen uns beherrschen, d.h. Angriffe auf andere Leute, die uns nicht liegen. Hier haben wir ein weites Feld der Selbsterziehung vor uns: richtige Grundhaltungen zu entwickeln, Aggressionen abzubauen, uns selbst in Zucht und Ordnung zu bringen und zu halten. Dazu sind wir alle verpflichtet, Christen so gut wie Nichtchristen, denn sonst wird man sich selbst zur Last und seiner Umwelt zur Qual.

Gefordert wird von uns das gute Wort, das den, der es braucht, stärkt; das geeignet ist, aufzubauen. Wie wohl tut einem ein freundlicher Gruß, eine aufmunternde Bemerkung, ein teilnehmendes Wort. Dafür sind wir doch alle empfänglich. Wir sollten uns üben darin! Wie wäre es, wenn wir uns vornehmen würden: Heute nur gute Worte! Ich will nicht zerstören, sondern aufbauen! Das ist gar nicht so schwer, wenn wir mit einiger Selbstbeherrschung unser Inneres in Ordnung halten und mehr an den andern als an uns denken. Das gute, liebevolle Wort wirkt Wunder; es hilft dem andern und uns, eine gute, heile Welt aufzubauen, in der man menschenwürdig leben kann.

5. „Der Dieb soll nicht mehr stehlen, sondern arbeiten und sich mit seinen Händen etwas verdienen, damit er den Notleidenden davon geben kann!" (Eph 4,28)

Wenn wir diesen Satz hören, wehrt sich vermutlich unser Inneres und sagt: Ich bin doch kein Dieb. Gut; seien wir froh, wenn uns diese Mahnung nicht persönlich betrifft. Sie paßt aber haargenau auf unsere Gesellschaft in der Bundesrepublik Deutschland. Die Vergehen gegen das Eigentum anderer steigen ständig. Zahllose Jugendliche stehlen, brechen ein, knacken Automaten, rauben, oft aus Geltungsdrang, aber meist aus einem ungezügelten Besitzdrang heraus, denn sie sind in vielen Fällen durchaus nicht bedürftig. Und schließlich lesen wir gelegentlich von Kinderbanden, die alles Mögliche zusammenstehlen, obwohl sie aus sogenannten geordneten Verhältnissen stammen.

Aber reiten wir jetzt nicht auf kriminellen Jugendlichen und gefährdeten Kindern herum, sondern fragen wir uns einmal selbst, ob der Bibelsatz nicht doch auch für uns stimmt, die wir so gern mit der weißen Weste protzen. Gibt es da nicht den weitverbreiteten Diebstahl an kostbarer Arbeitszeit, angefangen beim Büroschlaf, der ausgedehnten Frühstücks- oder Mittagspause bis zum regelrechten Faulenzen, sobald man ohne Aufsicht ist? Oder stimmt es etwa nicht, wenn immer wieder von seiten der Verbraucherverbände festgestellt wird, daß viele Fabrikate ganz erhebliche Mängel aufweisen, die doch eindeutig auf schlechte Arbeit zurückzuführen sind? Wie viele Angestellte telefonieren auf Kosten des Arbeitgebers, benützen geschäftliches Eigentum für private Zwecke? Wie viele Leute nehmen hemmungslos kleinere Gegenstände aus dem Betrieb mit, weil sie sie gut brauchen können? Entschuldigen Sie, bitte, wenn ich so persönlich werde. Ich will niemand kränken, aber das alles gibt es, und viele Leute nehmen es mit dem siebten Gebot Gottes nicht so genau.

Lassen wir den Satz aus dem Epheserbrief auch uns selbst gesagt sein und überprüfen wir unser Gewissen, ob nicht auch uns gilt: „Der Dieb soll nicht mehr stehlen!" Auf jeden Fall gilt für uns alle aber der zweite Teil des Bibelwortes: „Jeder soll arbeiten und sich mit seinen Händen etwas verdienen, damit er den Notleidenden davon geben kann!" Und Bedürftige gibt es wahrhaftig genug, in der Dritten Welt und in unserer eigenen Umwelt!

6. *„Seid gütig zueinander, seid barmherzig, vergebt einander, weil auch Gott euch durch Christus vergeben hat!" (Eph 4,32)*

Dieser Mahnsatz des Epheserbriefes kommt so ganz aus der Herzmitte christlichen Denkens und Handelns heraus. Eine Grundregel des Evangeliums heißt: Vergebung! Jesus spricht immer wieder von der vergebenden Güte Gottes und hat sie in seinem eigenen Verhalten gegen die Menschen auf der Schattenseite des Lebens bewiesen: gegen Arme und Kranke, gegen sozial Verachtete und Sünder, gegen Juden und Heiden. Er hat seinen Jüngern das Gebot der allumfassenden Nächstenliebe gegeben, in das auch die Feinde einbezogen sind. Er ist schließlich für die Sünden aller Menschen in den Tod gegangen und hat die Schuld der ganzen Welt auf sich genommen und am Kreuz gesühnt. Um seinetwillen ist uns allen von Gott vergeben worden und wird uns immer wieder vergeben, wenn wir als Sünder umkehrbereit zu ihm kommen. Diese Vergebung jeder, auch der größten Schuld, verbindet Jesus aber mit der unbedingten Forderung, daß auch wir einander von Herzen verzeihen.

An dieser Stelle setzt nun der Epheserbrief an: Weil Gott uns durch Christus vergeben hat, sollen wir einander vergeben und zueinander gütig und barmherzig sein. Diese Regel des Evangeliums gilt ohne Ausnahme für alle Christen, und sie könnte auch für Nichtchristen zu einer Lebensregel werden. Bleiben wir bei den Christen. Sie müssen das Modell abgeben für das rechte mitmenschliche Verhalten. Wir können die Fehler der anderen, die natürlich vorkommen, nicht ständig hochrechnen. Es ist unerträglich, wenn man immer vorgehalten bekommt, was man falsch gemacht hat. Es ist unmenschlich und erst recht unchristlich, dem anderen, besonders dem Nächststehenden, nicht zu vergeben, und zwar ohne Vorbehalt, eben von Herzen. Wer solche Vergebung erfahren hat, fällt nicht so leicht wieder in seinen Fehler zurück. Und wenn, dann sagt Jesus, wir sollen siebenundsiebzigmal vergeben, das heißt: immer wieder, ohne Enge und Grenze, weil auch Gott uns gegenüber so handelt.

Von solcher Grundeinstellung her erhält die Ehe, die Familie, die Nachbarschaft, das Geschäft eine neue Prägung. Und gerade das will Jesus. Wir sollen keine Macht- und Gewaltmenschen sein, sondern einander dienen und helfen. Die größte Lebenshilfe für einen schwach gewordenen Menschen ist aber die, daß ihn seine Umgebung nicht fallenläßt, ihm nichts nachträgt, sondern ihm einen neuen Anfang ermöglicht.

Das jedoch ist nur möglich, wenn wir uns unablässig einüben in Güte und Barmherzigkeit, so daß sie uns zu selbstverständlichen Grundhaltungen werden. Nehmen wir diesen Mahnsatz mit in unser Leben und bedenken wir ihn immer wieder: „Seid gütig zueinander, seid barmherzig, vergebt einander, weil auch Gott euch durch Christus vergeben hat!"

Sechsmal gut

Es gehört zu den Erfolgen der Werbung, daß sich beim Hörer oder Leser ein bestimmtes Wort festsetzt und ihn zum Kaufen der Ware bewegt. Denken wir nur an das berühmte Brauwasser aus dem Schwarzwald oder an Mon Chéry. Auch die gute Nachricht, die Jesus uns gebracht hat, ist von Anfang an auf Werbung angelegt. So will ich diese Überlegungen unter das Werbewort stellen: Sechsmal gut. Das geht uns alle an, denn gut, das kommt an. Also denn: Sechsmal gut!

1. Jeden Tag eine gute Tat

Die Pfadfinder haben einen Spruch, der sie verpflichtet. Er heißt: Jeden Tag eine gute Tat! Nun, das hört sich leichter an, als wir denken. Jeden Tag. Wir kennen uns ja einigermaßen und wissen recht genau, daß wir gern ausscheren und manches auf morgen verschieben, was wir heute tun sollten. In dem Vorsatz: jeden Tag, liegt schon eine enorme Leistung. Daß wir dabei bleiben. Daß wir die Sache nicht vor uns herschieben, vertrödeln, absinken lassen, vergessen. Jeden Tag eine gute Tat!

Manche denken jetzt vielleicht an außergewöhnliche Dinge. Aber das ist gar nicht gemeint. So ein junger Pfadfinder wird ja auch keine weltbewegenden Taten vollbringen, aber im Rahmen des Möglichen ist er gefordert, etwas Gutes zu tun. Ja, und was? Ich erlaube mir, Ihnen ein paar Tips zu geben, die Sie anregen könnten, es einmal damit zu versuchen.

Da ist der häusliche Bereich, der uns zu guten Taten einlädt. Auch im technisierten Haushalt ist der Mensch gefragt. Da wäre etwa die Frage nach dem Klima, nach der Atmosphäre daheim. Die kann man nicht mit dem Thermostat regeln und mit keiner Maschine allein herstellen, sosehr Maschinen vieles erleichtern können. Aber das Besondere des Daheim hängt von uns Menschen ab. Wir suchen alle Geborgenheit, gerade wenn der Beruf und der Straßenverkehr uns gehörig strapazieren. Solche Geborgenheit jedoch wird von meiner guten Tat bestimmt, ja von einer Folge von guten Taten: Jeden Tag eine gute Tat, mit der die anderen daheim fest rechnen können. Die liebevolle Bereitung des Essens, die Pünktlichkeit trotz allem Streß, die Bereitschaft, den Mann, die Frau, die Kinder anzuhören und sich nicht hinter der Zeitung zu verkriechen oder gleich mit dem Radio alles zuzudecken. Die Amerikaner haben ein gutes Sprichwort: learning by doing – Lernen durch Tun. Gute Taten lernt man, indem man sie tut!

Da ist der Straßenverkehr mit seinen hundert Möglichkeiten zu guten Taten: rücksichtsvoll fahren, andere leben lassen, einen Kollegen mitnehmen, an die Nachtruhe der Anwohner denken. Da sind, um nur noch einen Bereich herauszugreifen, die Nachbarn. Es ist bekanntlich leichter, die Fernsten zu lieben als die Nächsten. Eine einmalige Spende für Notleidende ist nicht so schwer zu verkraften als die tägliche gute Tat in der Nachbarschaft: bei der gehbehinderten alten Frau, bei dem einsamen Rentner, bei den Kindern der Gastarbeiter. Die Beispiele lassen sich beliebig vermehren!

Sechsmal gut. Heute: die gute Tat; jeden Tag eine gute Tat. Und zum Schluß ein Wort Jesu: „Euer Licht soll vor den Menschen leuchten, damit sie eure guten Taten sehen und euren Vater im Himmel preisen“ (Mt 5,16).

2. Das gute Wort

Sechsmal gut! Das zweite „gut“ lautet: das gute Wort. Auch hier wieder das Gesetz der Werbung: Steter Tropfen höhlt den Stein. Dem guten Wort verschließt sich auf die Dauer kein Mensch. Das heißt aber: das gute Wort darf nicht so etwas sein wie ein Geburtstagsgeschenk, eine Weihnachtsfreude. Alle Jahre wieder. Dann geht es nicht ein, dann kommt es nicht so recht an. Der Mensch lebt vom Wort, vom Gespräch. Wer nicht redet, wird unmenschlich. Der Mensch ist auf das Wort angewiesen, denn es stiftet Gemeinschaft. Vor allem natürlich das gute Wort. Das Wort, das den anderen ernst nimmt. Das Wort im Vollsinn, nicht das Geschwätz. Das persönliche Wort, das aus der Tiefe der Person kommt, aus dem Herzen, wie Jesus sagt.

Wie sehr sehnen wir uns nach einem guten Wort! Wie dringend brauchen wir ein anerkennendes Wort, ein Lob, eine Aufmunterung. Viele warten heute auf so ein gutes Wort von uns. Ihre Frau daheim, Ihr Mann, wenn er abgehetzt nach Hause kommt, Ihre Kinder, sie vor allem, denn sie wachsen an unseren guten Worten. Das heißt nicht, daß das strenge und mahnende Wort in der Erziehung ausfallen müßte. Das hat mit autoritär gar nichts zu tun. Viele, die sich für eine antiautoritäre Erziehung einsetzen, sind sehr autoritär in ihrem Verhalten gegen andere, die nicht ohne weiteres ihrer Meinung sind! Aber es bleibt dabei: Das gute Wort wirkt auf die Dauer tiefer, nachhaltiger als das strenge, strafende. Der große Meister des christlichen Lebens, Franz von Sales, hat gesagt: „Mit einem Tropfen Honig fängt man mehr Fliegen als mit einem ganzen Faß voll Essig!"

Jeden Tag ein gutes Wort. Vielleicht reicht es sogar zu einer netten Unterhaltung, zu einem guten Gespräch, zu einer ernsthaften Aussprache, der man immer wieder aus dem Weg geht, obwohl man genau spürt, daß sie nötig wäre, weil sonst die Ehe kaputtgeht oder die Freundschaft. Ohne Gespräch – und das ist mehr als nur das Wort – kann auf die Dauer eine Gemeinschaft nicht bestehen. Darum sind Gesprächsrunden und Aussprachekreise so notwendig; man kann das Leben besser meistern, wenn man gute, erfahrene Gesprächspartner hat.

Und denken Sie auch an die Einsamen, die Verbitterten, die Kontaktschwachen. Sie brauchen unser gutes Wort, und wenn es nur ein freundlicher Gruß wäre. Das lockert auf und gibt das Bewußtsein: ich bin ja gar nicht so allein, wie ich immer meine.

Sechsmal gut! Das gute Wort; jeden Tag ein gutes Wort. Und zum Schluß ein Satz aus dem 2. Brief des Apostels Paulus an die Gemeinde in Thessalonich: „Unser Herr Jesus Christus aber und Gott, unser Vater, der uns geliebt und uns in seiner Gnade ewigen Trost und sichere Hoffnung geschenkt hat, tröste und stärke euch bei jedem guten Werk und Wort" (2,16–17).

3. Die gute Meinung

Sechsmal gut! Das dritte „gut": die gute Meinung. Katholischen Christen ist das im allgemeinen bekannt, und andersgläubige Christen oder Nichtchristen kennen vermutlich etwas Ähnliches, nämlich die gute Meinung. Was das ist? Eine gezielte, religiös begründete Vorausschau auf den ganzen Tag. Ein regelmäßiger Entschluß: Dieser Tag soll Gott, meinem Gott, gehören.

Und weil er Gott gehören soll, will ich schlicht und einfach seinen Willen tun. Den Tag auf einen Hauptnenner bringen, ihn von vornherein richtig programmieren.

Das setzt natürlich voraus, daß Gott die lebendige Mitte meines Lebens ist und sein soll. Daß ich auf ihn hin leben will. Daß ich ernst mache mit dem Hauptgebot: „Du sollst den Herrn, deinen Gott, lieben aus ganzem Herzen und ganzer Seele, mit all deiner Kraft und deinem ganzen Denken, und: Deinen Nächsten sollst du lieben wie dich selbst" (Lk 10,27). Ein sehr umfassendes Programm offensichtlich, das leicht zur Gewohnheit werden kann. Das ist wie bei dem bekannten Bündel Holz, das man nicht auf einmal brechen kann. Wenn man es aber zerteilt und jedes Stück bricht, dann geht es. Die gute Meinung, eine wirklich erprobte und bewährte Sache, braucht viel Abwechslung, sonst wird sie mechanisch und verliert ihre Wirkung. Ich werde zwar immer das Ganze im Auge haben: Gott und den Nächsten. Aber ich weiß ja, wie mein Tag so ungefähr abläuft, und darauf werde ich mich von vornherein innerlich einstellen.

Die gute Meinung bewahrt uns vor einem gedankenlosen Hineinleben in den Tag und gibt uns ganz bestimmte Ziele auf, die wir angehen wollen. Es wird gut sein, sich einfache Ziele zu stecken, die man verwirklichen kann: Heute will ich besonders nett und zuvorkommend zu einem bestimmten Menschen sein. Heute will ich mir einmal etwas Zeit nehmen für ein gutes Buch, das mich zu den wirklich wichtigen Lebensfragen hinführt. Heute will ich meine Arbeit gut machen, ganz gleich, an welchem Platz ich stehe. Das gilt für den Unternehmer und leitenden Angestellten genauso wie für den so oft genannten kleinen Mann, der für das Ganze des Betriebes aber unerläßlich ist.

Natürlich bliebe die gute Meinung im Vordergründigen stekken, wenn sie nur und immer sich solche Nahziele setzen wollte. Eigentlich gemeint ist die Hinordnung meines ganzen Lebens auf Gott: „Alles meinem Gott zu Ehren!" Aber das ist ein Hochziel, das sich nur in vielen kleinen Schritten verwirklichen läßt. Diese kleinen Schritte jedoch müssen wir tun, sonst wird nichts Rechtes aus unserem Leben. Umgekehrt wächst die Kraft mit diesen kleinen, bescheidenen, täglichen Entschlüssen, und eines Tages merken wir, daß wir auch größere Aufgaben anpakken können im Dienste Gottes und der Mitmenschen.

Sechsmal gut! Die gute Meinung; jeden Tag eine gute Meinung, ganz gezielt. Und wieder zum Abschluß ein Wort aus der Heiligen Schrift: „Alles, was ihr in Worten und Werken tut, geschehe im Namen Jesu, des Herrn; durch ihn dankt Gott, dem Vater!" (Kol 3,17).

4. Das gute Beispiel

Beispiel, das will heißen: Vorbild, Muster oder im heutigen Sprachgebrauch Modell. Von einem Modell oder Muster verlangt man aber vor allem, daß es stimmt. Sonst kann man nicht damit arbeiten. Wir sprechen von einem neuen Modell, das uns gefällt, und wollen genau das gleiche Auto oder das gleiche Möbelstück, den gleichen Anzug, das gleiche Kleid, das gleiche Farbmuster wie das Modell im Katalog. Auch die menschlichen Verhaltensweisen sind von Modellen, von Beispielen, bestimmt, und sie können und werden wechseln. Denken wir nur an die Vorbilder, die in den letzten 40 Jahren das Verhalten des deutschen Menschen bestimmt haben. Angefangen vom einsatzbereiten Hitlerjungen über den aufbauwilligen Menschen der Nachkriegsjahre bis zu den Stars, die heute nicht nur die Zimmerwände unserer Twens und Teenagers ausfüllen, sondern auch ihr Herz.

Nun ist aber die Tiefenpsychologie dahintergekommen, daß es in all dem Wechsel der Muster, Modelle und Beispiele offensichtlich eine tiefe Sehnsucht des Menschen nach bleibenden Beispielen gibt, nach denen man sich richten kann, unabhängig von Tagesmeinungen und Modeströmungen. Gerade die heutige Jugend verlangt nach solchen Beispielen echter, überzeugender Lebensführung. Sie will sehen und erfahren, wie ein wertvolles, sinnvolles Leben in einer oft so sinnlosen Welt mit nichtssagenden Abläufen gelebt werden kann.

Hier sind wir aufgerufen zum guten Beispiel, das heißt zum Vorbild, das zur Nachahmung, zur Nachfolge mitreißt. Das ist ein Grundgesetz für jede Form der Erziehung. Nur die Eltern, Lehrer, Meister, Vorarbeiter, Gruppenleiter werden in die Tiefe und in die ferne Zukunft wirken, die durch das Beispiel, das gute Beispiel ihres eigenen Lebens überzeugen und zur Nachfolge anregen. Da brauchen gar nicht viele Worte gemacht zu werden, da sind Moralpredigten überflüssig; die Person überzeugt durch sich selbst. Ein gutes Leben beruht eigentlich ganz auf diesem persönlichen Beispiel. Es geht ja nicht bloß um ein Wissen, sondern um ein lebendiges Tun des Guten. Gesetze, Vorschriften, bloße Worte und Sprüche bleiben wirkungslos, wenn sie nicht in einem vorbildlichen Leben gezeigt werden. Jeder Mensch hat ein feines Gespür für echte Werte, und nichts überzeugt ihn so sehr als vorgelebte Werte.

Das gilt erst recht für das christliche Leben, das ganz auf die Nachfolge Christi angelegt ist. Jesus Christus sagt: „Lernt von mir – ich habe euch ein Beispiel gegeben“ (Mt 11,29; Jo 13,15). Sein Beispiel aber ist das der Güte, der Liebe, des Dienens und der Hingabe bis zum letzten. Solches Beispiel reißt mit, auch heute noch. Denken Sie nur an die Jesus People. Mag das auch eine Zeiterscheinung sein, dahinter wird doch sichtbar, daß das Beispiel Jesu tatsächlich mitreißen kann. Der Christ aber ist gehalten, das gute Beispiel Christi in seiner Welt, also in der Welt von heute, sichtbar zu machen.

Sechsmal gut! Das gute Beispiel; jeden Tag ein gutes Beispiel. Und zum Schluß wieder ein Wort des Apostels Paulus: „Folgt meinem Beispiel, wie ich dem Beispiel Christi folge!“ (1 Kor 11,1).

5. *Das gute Leben*

Da sind wir wohl alle angesprochen, damit sind wir alle einverstanden: ein gutes Leben. Es fragt sich nur, was man darunter versteht. Umfragen unter Schülern und Jugendlichen haben ergeben, daß die meisten unter einem guten Leben etwa folgendes sich vorstellen: gut verdienen, einen flotten Wagen fahren, ein eigenes Haus haben mit Swimming-pool und allem technischen Komfort. Gut leben heißt sodann: Reisen machen, viel Freizeit haben, Freunde und Freundinnen haben – ja, und jetzt geht es schon mehr in die Tiefe: geliebt werden und selber lieben, eine glückliche Ehe führen, Kinder haben. Damit tauchen auch geistige Werte auf: Liebe, Glück, Verantwortung für andere. Aber es scheint, daß bei den meisten Befragten doch die materiellen Werte im Vordergrund stehen. Es sind zweifellos Werte, es kommt nur darauf an, ob sie genügen.

Man ist unwillkürlich versucht zu fragen: Ja genügt denn das? Wenn es schon eine Tatsache ist, daß nicht einmal der Mensch dem Menschen genügt, wie können dann die doch vergänglichen Werte genügen, um ein gutes Leben zu garantieren? Hinter dieser Frage steckt keine Weltverachtung und kein Pessimismus, sondern die nüchterne Wirklichkeit der allgemeinen menschlichen Erfahrung. Ein gutes Leben ist tatsächlich mehr als Besitz und Wohlstand, mehr auch als Glück und Liebe – so wichtig sie sein mögen. Die Denker aller Zeiten haben zurückgefragt nach dem eigentlichen Sinn des guten Lebens und haben erkannt, daß der Mensch immer nach dem Bleibenden, dem Unvergänglichen sucht, nach etwas, was auch nach einer Inflation, nach einem Krieg, nach einem Zusammenbruch bleibt.

Neulich las ich, daß Brigitte Bardot, der Sexfilmstar, sich nach einem „zweiten Leben" sehnt. Auf die Frage, warum sie ihren bisherigen Lebensstil ändern möchte, antwortete sie: „Warum nicht? Es gibt Augenblicke, in denen man nicht einmal mit seinen Freunden zusammen sein möchte. Wenn man noch wenig Interesse daran hat, ein Leben zu führen, das – ja was? Was tut man schon vom Morgen bis zum Abend? Nichts Aufregendes. Ich frage mich selbst, was tue ich wirklich? Ich laufe im Kreis herum." Sie hofft, in der Natur, umgeben von Tieren, ihr Gleichgewicht wieder zu finden.

Der große Denker und Heilige, Augustinus, hat schon vor 1600 Jahren gefragt: „Was nützt es schon, gut zu leben, wenn man nicht immer leben kann?" Das ist tatsächlich die Kernfrage, der sich das Gut-Leben stellen muß. Sie greift hinaus über alle vergänglichen Güter und Werte. Sie läßt sich nach christlichem Lebensverständnis innerweltlich nicht voll befriedigend beantworten. Aber auch Nichtchristen wissen darum, und ihre Angebote für ein wirklich gutes Leben sind heute sehr begehrt, etwa die der fernöstlichen Weisen und Meister der Meditation.

Sechsmal gut! Das gute Leben. Das bleibende, unvergängliche Leben! Zum Schluß ein Wort Jesu: „Ich bin der Weg und die Wahrheit und das Leben. Wer an mich glaubt, hat das ewige Leben" (Jo 14,6; 6,47).

6. Das gute Sterben

Wer die moderne Literatur aufmerksam liest und wer sich mit den Problemen des Menschen von heute ernsthaft befaßt, der wird bald merken, daß – verhüllt oder offen – immer wieder vom Sterben, vom Tod die Rede ist. Unsere scheinbar so weltsichere Zeit kommt immer wieder an ihre Grenzen, und die unübersehbare Grenze ist der Tod. Ich weiß, daß es trotzdem nicht gern gehört wird, wenn man davon spricht. Warum eigentlich? Das Unausweichliche kommt doch auf uns zu, und der spanische

Dichter Cervantes hat recht, wenn er sagt: „Wir sind geboren, um sterbend zu leben." Wenn aber unser Tod das Sicherste in der Welt ist, warum sollen wir uns dann nicht mit ihm auseinandersetzen? Warum sollen wir dann nicht nachdenken über ein gutes Sterben?

Gilt nicht auch hier in ganz gezielter Weise das alte Sprichwort: Ende gut – alles gut? Und haben unsere Vorfahren nicht doch ein gutes Gespür für den Stellenwert des Todes gehabt, wenn sie an den Wänden von Kirchen und Kapellen ausdrucksstarke Gemälde mit dem sogenannten Totentanz anbrachten, auf denen man sehen konnte, wie jeder Mensch, ob jung oder alt, ob arm oder reich, einmal sterben muß? Es gab auch tiefsinnige kleine Bücher mit dem Titel: Die Kunst des guten Sterbens – ars bene moriendi, die nicht nur alte Leute gelesen haben. Aber schließlich sind wir Menschen von heute, und das Vergangene interessiert uns vielleicht nur als geschichtliche Erinnerung. So könnte man reden, wenn das Sterben halt nicht so aktuell wäre, so ganz gegenwärtig, so hautnah!

Weil es sich dabei aber um unsere ureigenste Sache handelt, lohnt es sich bestimmt, darüber nachzudenken. Es mehren sich die Stimmen der Wissenschaftler, und da meine ich jetzt nicht der Theologieprofessoren, die vom Tod und von seinem Sinn reden und schreiben. Ein ganz wichtiges Thema der modernen Philosophie ist z.B. die Hoffnung. Hoffen im Vollsinn des Wortes kann ich aber nur, wenn mit dem Tod nicht alles aus ist. Nur wenn ich weiterlebe als Person, geprüft und geprägt in diesem Leben, wenn ich auf ein besseres, erfüllteres Leben hoffe, bekommt auch mein Sterben einen neuen Sinn. Dann ist es gewiß Ende, aber mehr noch Anfang meines Lebens.

Erst recht gilt das vom christlichen Sterben. Es ist kein düsteres Verlöschen, sondern der Übergang in die bleibende Lebensgemeinschaft mit Jesus Christus, in das ewige Licht, wie es in katholischen Gebeten für Tote immer wieder heißt. Seien wir davon überzeugt, es lohnt sich über das gute Sterben nachzudenken, sich darauf einzuüben.

Sechsmal gut! Heute zum stillen weiteren Bedenken: ein gutes Sterben. Und ein Wort Jesu dazu in einer neuen, eindrucksvollen Übersetzung: „Ich bin es, der Auferstehung und Leben bringt. Wer mir vertraut, wird leben, auch wenn er stirbt, und wer lebt und sich auf mich verläßt, wird niemals sterben. Glaubst du das?" (Jo 11,25–26).

Der Geist des Lebens und der Liebe

Die folgenden Besinnungen wurden während einer vorpfingstlichen Gebetswoche um die Einheit der Christen vom Südwestfunk ausgestrahlt. Sie schließen sich an einige Sätze des Apostels Paulus in seinem Römerbrief an und können zu jeder Jahreszeit dienlich sein, da die Einheit der Christen ein bleibendes Anliegen ist und nach dem Johannesevangelium der letzte Wunsch Christi.

1. „Der Heilige Geist ist der Geist des Lebens" (Röm 8,2)

Leben, das ist ein Wort, das wir gern hören. Es ist ein Wort der Fülle, ein Wort der Ermutigung, ein Wort der Freude. Jeder von uns möchte gern leben, gesund sein, seines Lebens sich freuen. Gerade auf dem Hintergrund der Krankheit und des uns drohenden Todes gewinnt das Leben einen besonderen Wert. Nun wissen wir aber sehr genau, daß menschliches Leben an den Geist gebunden ist. Ohne Geist zerfällt unser Leib und stirbt. Die Aussagen der Bibel führen alles Leben in der Schöpfung und besonders im Menschen auf Gottes Geist zurück. Die Bilder, die sie dafür gebraucht, dürfen uns dabei nicht stören; das Gemeinte aber gilt. Wir leben, weil wir Gottes Lebensatem in uns tragen. Und selbst dann, wenn wir diesen Lebensatem im letzten Atemzug Gott, unserem Schöpfer, zurückgeben, hören wir nicht auf zu leben, denn unser Geist kann nicht sterben.

Wenn Paulus sagt: „Der Heilige Geist ist der Geist des Lebens", dann bedeutet das noch viel mehr als den Geist, der unseren Leib beseelt und lebendig erhält. Heiliger Geist ist jenes Geschenk des himmlischen Vaters, das er all denen gibt, die an Jesus Christus glauben. Ohne diesen Glauben kann der Mensch zwar sein irdisches Leben zubringen, aber es gelingt nicht ganz. Erst durch den Geist des Lebens fangen all die Werte, die in uns angelegt sind, an, zu wachsen und sich zu entfalten. In der Gemeinschaft mit Christus, die in der Taufe beginnt, strömt sein Geist in uns ein, durchdringt uns mit seiner ganzen göttlichen Kraft und bringt in uns jene Früchte hervor, die Paulus im Galaterbrief aufzählt: „Liebe, Freude, Friede, Langmut, Freundlichkeit, Güte, Treue, Milde und Selbstbeherrschung" (5,22–23).

Ein Christ ist grundsätzlich vom „Gesetz des Geistes des Lebens" bestimmt. Das macht seine herrliche Freiheit aus. Er steht nicht mehr machtlos und wehrlos unter dem „Gesetz der Sünde und des Todes" (Röm 8,2). Wir sollten nicht sagen: Ich merke nichts davon, bei mir geht alles seinen eingefahrenen Gang. Der Geist des Lebens will uns genauso durchdringen wie die Jünger Jesu am Pfingsttag und wie die Heiligen zu allen Zeiten der Kirche. Sie waren Leute wie wir, aber sie haben dem Heiligen Geist Platz gemacht in ihrem Herzen, und er hat sie zur Vollreife des christlichen Lebens geführt. Oder gilt uns das Wort Jesu in der Offenbarung des Johannes: „Dem Namen nach lebst du, aber du bist tot. Sei wachsam und kehr um!" (Offb 3,1–3). Beten wir mit allen Christen guten Willens: „Komm, Heiliger Geist, du Geist des Lebens, und durchdringe uns bis in den Grund unseres Wesens mit deinem Leben!"

2. *„Ihr habt den Geist empfangen, der euch zu Söhnen macht, den Geist, in dem wir rufen: Abba, Vater!" (Röm 8,15)*

Das Problem, das Paulus beschäftigt, ist auch ein heute sehr hochgespieltes Problem: Autoritätsschwund, Verlust des richtigen Vaterbildes bis hin zu antiautoritärer Erziehung. Wir wissen, daß diese Fragen auch tief hineinreichen in das religiöse Leben vieler Zeitgenossen. Sie fühlen sich bedrängt von Gott, überlagert, ausgeliefert wie ein hilfloses Kind einem übermächtigen, gewalttätigen Vater. Paulus hat das alles auch erlebt. Für ihn, den streng gläubigen Juden und Pharisäer, war Gott vor allem der Gesetzgeber, der gerechte, aber auch furchtbare Richter, der Gott, vor dem die Menschen Sklaven sind, die sich fürchten vor der Strafe. In der Begegnung mit Jesus Christus ist es ihm erst aufgegangen, daß Gott gewiß der Herr und der Gesetzgeber ist, aber vielmehr noch der liebevolle Vater, den man mit dem zärtlichen Kosenamen „Abba" anreden darf.

Aus solcher Glaubenserfahrung und Gewißheit heraus

schreibt der Apostel nun den Christen von Rom und erinnert sie an ihre Taufe, bei der sie Gottes Heiligen Geist geschenkt bekamen: „Ihr habt doch nicht den Geist empfangen, der euch wieder zu Knechten macht, so daß ihr euch fürchten müßtet, sondern ihr habt den Geist empfangen, der euch zu Söhnen macht, den Geist, in dem wir rufen: „Abba, Vater! Der Geist selber bezeugt es unserem Geist, daß wir Kinder Gottes sind" (8,15–16).

Das ist wirklich eine aktuelle Botschaft! Der Heilige Geist macht uns frei von jeder sklavischen Furcht vor Gott. Er läßt uns aufatmen und erkennen: Gott ist unser Vater, und wir sind seine Kinder. Unsere Beziehung zu ihm spielt sich im Raum der Freiheit ab. Wir sind gewiß seine Geschöpfe, so wie Kinder die Geschöpfe ihrer Eltern sind. Aber er engt uns nicht ein. Sein Heiliger Geist, der uns durchdringt seit der Taufe und uns belebt, ist der Geist der höchsten Freiheit, weil Gott keine Grenzen hat. Wenn wir das ganz tief bedenken, dann ahnen wir etwas von unserer Würde als Christen! Wir brauchen uns wirklich vor nichts und vor niemand zu fürchten. In diese Richtung geht auch der Ausspruch Jesu: „Wenn man euch vor Gericht schleppt, dann macht euch keine Sorgen, wie ihr euch verteidigen oder was ihr sagen sollt. Denn der Heilige Geist wird euch in der gleichen Stunde eingeben, was gesagt werden muß" (Lk 12,11–12). Freiheit vor Gott und Freiheit vor den Menschen aufgrund des Geistes der Kindschaft, der uns geschenkt worden ist.

Von daher gewinnt unser Leben als Christen einen mächtigen Auftrieb. „Wir haben den Geist, der aus Gott stammt", sagt Paulus (1 Kor 2,12). Dieses christliche Selbstbewußtsein ist in vielen Getauften verkümmert. Sie nehmen die Maßstäbe für ihr Denken und Handeln nicht vom Geist Gottes entgegen, sondern gleichen sie den gängigen Maßen und Meinungen des Tages an. Es ist allerdings zuzugeben, daß geisterfüllte Söhne und Töchter Gottes ihren Zeitgenossen sehr unbequem werden können. Ein Blick in die Geschichte der Heiligen zeigt das. Nicht umsonst gibt es in der Kirche so viele Märtyrer, das heißt: Leute, die mit ihrem Leben dafür Zeugnis gaben, daß sie nach dem Gesetz des Heiligen Geistes lebten, das frei macht. Beten wir mit allen Christen guten Willens: „Komm, Heiliger Geist, du Geist, der uns zu Kindern Gottes gemacht hat, und führe uns zu immer größerer Freiheit."

3. *„In der Kraft des Heiligen Geistes" (Röm 15,19)*

Jesus hat nach dem Zeugnis der Apostelgeschichte seinen Jüngern den Heiligen Geist als Kraft verheißen (1,8), so wie er selbst in der Kraft Gottes, erfüllt vom Heiligen Geist, gewirkt hatte. Am Pfingsttag kann darum Petrus mit Recht vor der Menge der außer sich geratenen und bestürzten Juden sagen: „Gott hat Jesus von Nazaret vor euch beglaubigt durch Machttaten, Wunder und Zeichen, die er durch ihn in eurer Mitte gewirkt hat" (Apg 2,22). In der griechischen Sprache, in der das Neue Testament niedergeschrieben wurde, steht für das Wort Kraft ein Wort, das wir gut kennen: dýnamis. Wir bezeichnen so einen Sprengstoff. Und genau das ist der Heilige Geist: ein Sprengstoff. In Jesus hat er die alte, in Sünde und Tod versteinerte Welt aufgesprengt. Sein Evangelium ist eine dýnamis, ein Sprengstoff Gottes, und wird jeden zum Gehorsam des Glaubens führen, der es annimmt (vgl. Röm 1,5).

Im Bewußtsein dieser Kraft des Heiligen Geistes haben die Jünger Jesu große Zeichen und Wunder gewirkt und gegen alle Widerstände die Botschaft des Heils verkündet. Diese Kraft des Heiligen Geistes ist auch uns geschenkt worden in der Taufe und Firmung, und sie muß uns zu dynamischen Menschen machen. Der hl. Bernhard von Clairvaux, der sein Jahrhundert durch sein hinreißendes Beispiel und seine aufrüttelnden Predigten geprägt hat, sagt: „Wer an das Reich Gottes glaubt, muß unruhig werden." Christen müssen kraftvolle, überzeugende Leute sein. Paulus schreibt als alter Mann aus dem Gefängnis an seinen Mitarbeiter Timoteus: „Gott hat uns nicht einen Geist der Verzagtheit gegeben, sondern den Geist der Kraft" (2 Tim 1,7).

Wir müssen das sehr ernst nehmen und uns fragen, ob wir Christen wirklich eine Kraft, eine Macht bedeuten in dieser Welt. Nicht eine wirtschaftliche oder politische Macht; das wäre eine Verfälschung der Botschaft Jesu. Wohl aber eine öffentliche Macht, eine Kraft, die Bewußtsein bildet im Sinn des Evangeliums. Eine Kraft, die so stark ist, daß die Leute sie spüren und sich mit ihr auseinandersetzen müssen. Jesus ist in der Kraft des Geistes seinen Gegnern entgegengetreten; die Evangelien sind voll von sehr angriffigen Reden des Herrn, der seine Zeitgenossen nicht in Ruhe ließ und der von sich sagte: „Ich bin nicht gekommen, Frieden zu bringen (im Sinn eines faulen Kompromisses), sondern das Schwert" (Mt 10,34).

Wenn wir seine geisterfüllten Jünger sein wollen, müssen wir die Welt unruhig machen mit seiner höchst aktuellen Botschaft; müssen wir die Abgründe des Bösen durchleuchten wie er; müssen wir auf die Sünder und Verlorenen zugehen wie er und sie hereinholen in die alles überwindende Kraft seiner Liebe. Beten wir mit allen Christen guten Willens: „Komm, Heiliger Geist, du Kraft von oben, und mache uns zu krafterfüllten Zeugen Jesu Christi, die sich leidenschaftlich einsetzen für sein Evangelium!"

4. „Die Herrschaft Gottes ist Freude im Heiligen Geist" (Röm 14,17)

Freude, das ist wieder so ein Zauberwort wie Leben oder Glück. Ich habe ihn noch lautstark im Ohr, den Göbbelschen Propagandaschlager: „Kraft durch Freude". Was ist daraus geworden? Not und Leid und weltweite Trauer. Und doch ist es unbestreitbar, daß der Mensch nach Freude verlangt, nach bleibender Freude. Genau an dieser Stelle setzt das Evangelium ein, die Freudenbotschaft schlechthin. Zu den Hirten von Betlehem spricht der Engel des Herrn: „Ich verkünde euch große Freude: Heute ist euch der Retter geboren; er ist der Christus, der Herr" (Lk 2,10–11). Unter dem Zeichen der Freude beginnt also in Jesus das Gottesreich, und er hinterläßt seinen Jüngern als Abschiedswort: „Jetzt seid ihr traurig, aber ich werde euch wiedersehen; dann wird euer Herz sich freuen, und eure Freude wird euch niemand nehmen" (Jo 16,22).

Diese Freude als Gabe des Heiligen Geistes ist von ihrem Ursprung her ein Kennzeichen der Jünger Christi. „In großer Freude kehrten sie nach Jerusalem zurück", nachdem Jesus zum Vater im Himmel aufgenommen worden war. Voll Freude verkündeten sie seine Botschaft und wußten sich als „Helfer zur Freude" der jungen Gemeinden (vgl. Lk 24,52; 2 Kor 1,24). Paulus schreibt den Christen in Rom: „Freut euch mit den Fröhlichen" (12,15), und aus dem Gefängnis mahnt er seine Gemeinde in Philippi: „Freut euch im Herrn zu jeder Zeit! Noch einmal sage ich: Freut euch!" (4,4).

Diese Mahnung gilt auch uns. Zwar ist das Angebot an Freude heute schier unübersehbar. Was wird uns nicht alles versprochen in Katalogen und Prospekten! Wenn wir aber genauer zusehen, geht es oft gar nicht um echte Freude, sondern um vordergründiges Vergnügen. Die wahre Freude ist ein Geschenk des in uns wohnenden Heiligen Geistes, eine „Frucht des Geistes", wie

Paulus sagt (Gal 5,22). Wer sie in sich reifen sieht, gewiß nicht ohne viel Bedrängnis – wie sollte auch etwas reif werden, ohne daß die Schale sterben muß! –, wer also die Frucht der Freude in sich reifen sieht, der ist als Jünger Christi ganz sicher verpflichtet, sie auch weiterzugeben an die vielen Menschen, die freudlos und hoffnungslos sind. Wir müssen „Helfer zur Freude" werden, um nochmals Paulus zu zitieren. Wenn die Botschaft Jesu Evangelium, das ist Freudenbotschaft, heißt, dann sind wir gehalten, sie auch so zu verkünden. Sonst erlischt in der Welt das Licht der Freude.

„Die Herrschaft Gottes ist Freude im Heiligen Geist." Dieses Pauluswort gilt auch dem, der sich verlassen und verloren vorkommt, der dem Gott seiner Kindheit davongelaufen ist – vielleicht war es ein falscher Gott, den man ihm gezeigt hat? Jesus erzählt das Gleichnis vom verlorengegangenen Schaf und sagt: „Wenn der Mann es gefunden hat, nimmt er es voll Freude auf die Schultern, und wenn er nach Hause kommt, sagt er: Freut euch mit mir; ich habe mein Schaf wiedergefunden, das verloren war. Ebenso wird auch im Himmel mehr Freude herrschen über einen einzigen Sünder, der umkehrt" (Lk 15,5–7).

Beten wir mit allen Christen guten Willens: „Komm, Heiliger Geist, erfülle uns mit deiner Freude, und laß sie uns weitergeben bis zum letzten verlorenen Menschen, der gerade auf uns wartet als Helfer zu seiner Freude!"

5. *„Das Trachten des Geistes führt zum Frieden" (Röm 8,6)*

Friede ist ein Wort, das wir gern hören. Nach Frieden sehnen sich wohl die meisten Menschen, sogar solche, die jetzt mit radikalen Mitteln eine veränderte Gesellschaft herbeiführen wollen. Es ist daher ganz selbstverständlich, daß Friede ein Schlüsselwort der Bibel ist. Wir haben schon mehrere wichtige Aussagen der Heiligen Schrift miteinander bedacht und sie im Wirkungsfeld des Heiligen Geistes gefunden: Leben, Kindschaft, Freiheit, Kraft, Freude. In diese großen Zusammenhänge hinein stellt nun der Apostel Paulus im Römerbrief auch das Wort Friede. Er schreibt: „Das Trachten des Fleisches führt zum Tod, das Trachten des Geistes aber zu Leben und Frieden" (8,6).

Bleiben wir beim Letztgesagten: „Das Trachten des Geistes führt zum Frieden." Für Trachten können wir auch sagen: das innerste Verlangen. Das bedeutet dann: Der in uns anwesende

Heilige Geist hat kein tieferes Anliegen als uns zum Frieden zu führen. Er selbst ist ja als der göttliche Geist Friede, vollkommen eins mit sich. Die Theologen sagen uns, daß der Heilige Geist in der innigsten Weise den Vater und den Sohn in der Gottheit miteinander verbindet. Er ist das Band der Liebe. Wo aber Liebe ist, da ist auch Friede. Wer also vom Heiligen Geist erfüllt ist, in dem bricht auch das Wirken dieses Geistes durch: er verlangt von Herzen nach Frieden.

Damit ergeben sich für einen Christen verpflichtende Aufgaben, denn der Heilige Geist ist ja eine wirksame Kraft in uns, der uns antreibt, so wie er Jesus zu seinem Werk getrieben hat. Eine dieser Aufgaben nennt Jesus in der Bergpredigt: „Selig, die Frieden stiften, denn sie werden Söhne Gottes genannt werden" (Mt 5,9). Da gibt es also etwas zu tun. Friede kommt nicht von selbst, weder in uns noch um uns. Ich muß mich also einsetzen für eine tragbare Grundlage des Friedens in der Familie, im Arbeitsleben, in der Gesellschaft, im Staat. Gerade der Christ als einer, der Frieden machen will – machbar ist heute ein beliebtes Wort –, gerade der Christ hat damit auch einen wichtigen politischen Auftrag. Er lebt ja nicht im Niemandsland, sondern sehr engagiert in diesem konkreten Staat. Die Geschichte der Heiligen zeigt, daß viele von ihnen politisch höchst aktive Zeitgenossen waren und dem Frieden in ihrer Zeit zum Durchbruch verhalfen. Wenn der Heilige Geist wirklich in allen Christen hätte wirken dürfen, wenn sie ihn nicht in das Gefängnis ihrer Eigensucht eingesperrt hätten, dann wäre die Geschichte der Menschheit in vielem anders geworden.

Nun steht aber in der Bergpredigt noch ein anderer Satz, der uns in diesem Zusammenhang ebenfalls betreffen muß. Jesus sagt: „Selig, die keine Gewalt anwenden, denn sie werden das Land erben" (Mt 5,5). Gewöhnlich hören wir dafür die Übersetzung: „Selig die Sanftmütigen"; ich glaube aber, daß „keine Gewalt anwenden" den Kern der von Jesus gemeinten Sache besser trifft. Ist es wirklich so abwegig, wenn viele Christen heute, besonders junge Christen, den Dienst mit der Waffe verweigern, aus Gewissensgründen? Und hat das letzte Konzil die Lage der Menschheit etwa falsch eingeschätzt, wenn es forderte, „daß wir uns von der alten Knechtschaft des Krieges befreien", sonst „geht die Menschheit, trotz aller ihrer bewundernswürdigen Wissenschaft, jener dunklen Stunde entgegen, wo sie keinen andern Frieden mehr spürt als die schaurige Ruhe des Todes" (Kirche und Welt, Nr. 82).

Beten wir mit allen Christen guten Willens: „Komm, Heiliger Geist, du Band des Friedens im dreipersönlichen Gott, und erfülle uns mit deiner Kraft, daß wir den Frieden machen und keine Gewalt anwenden!"

6. *„Die Liebe des Geistes" (Röm 15,30)*

Bei unseren Betrachtungen über den Heiligen Geist haben wir erkannt, daß er eine wirksame Kraft ist, daß er uns das göttliche Leben schenkt, uns zu Kindern Gottes macht und uns zur Freiheit führt, daß er uns mit Freude und Frieden erfüllt und uns antreibt, als Freudenbringer und Friedenstifter in der Welt von heute zu wirken.

So wollen wir denn abschließend nachdenken über den Heiligen Geist als den Geist der Liebe. Paulus bittet die Christen in Rom um ihren Beistand im Gebet „bei der Liebe des Geistes" (Röm 15,30), und im Galaterbrief (5,22) nennt er die Liebe als erste Frucht, die in uns heranreift, wenn wir den Geist in uns wirken lassen. Diese geistgewirkte Liebe macht uns offen für Gott und für den Nächsten. Darum schließt Jesus im Hauptgebot beides zusammen: „Du sollst den Herrn deinen Gott lieben... und deinen Nächsten wie dich selbst" (Mt 22,37–39).

Auch wenn es heutzutage schwierig ist, von Liebe zu reden, stehen dennoch das Wort Jesu und die Botschaft des Neuen Testamentes da und fordern uns ein. Und vielleicht ist es nicht gar so schwer, denn wer möchte nicht lieben und geliebt werden? Seien wir doch froh, daß unser Gott so benannt werden kann: „Gott ist Liebe" (1 Jo 4,8), und daß wir ihn so erfahren dürfen: „Der Vater hat uns so große Liebe geschenkt, daß wir Kinder Gottes genannt werden, und wir sind es", wie wir im 1. Johannesbrief lesen (3,1).

Die christlichen Denker haben schon früh erkannt, daß das Band der Liebe zwischen Vater und Sohn eben der Heilige Geist ist. Er ist die persongewordene Liebe in der göttlichen Dreiheit. Wenn nun, wie Paulus im Römerbrief schreibt, „die Liebe Gottes in unsere Herzen ausgegossen ist durch den Heiligen Geist, der uns gegeben ist" (5,5), dann ergibt sich daraus zwingend ein doppeltes: Unsere Antwort, unser Verhalten Gott gegenüber muß Liebe sein, und „wenn Gott uns so geliebt hat, müssen auch wir einander lieben" (1 Jo 4,11).

Liebe ist ein Ausdruck des Willens, nicht des Gefühls. Zwar kann sie unser Gemüt im höchsten Maß bewegen; aber wenn wir nicht lieben wollen, bleibt unser Herz kalt. Weil aber Liebe es mit dem Willen zu tun hat, können wir auch einsehen, warum sie ein Gebot ist, das umfassendste aller Gebote sogar, denn unser ganzes Wesen verlangt nach Liebe und wird im tiefsten angesprochen von dem Wort: Du sollst lieben. Mit Recht sagt darum Jesus: „Wenn ihr mich liebt, werdet ihr meine Gebote halten" (Jo 14,15). Dem Liebenden fällt es nicht schwer, die Gebote Gottes zu halten, zumal sie aus der Lebensmitte des liebenden Gottes kommen und alle zusammen nur die verschiedenen Seiten des einen Liebesgebotes umfassen.

So sagt Paulus mit Recht im Galaterbrief: „Das ganze Gesetz ist in dem einen Wort zusammengefaßt: Du sollst deinen Nächsten lieben wie dich selbst" (5,14). Daß wir das tun können, immer wieder, auch nach Mißgriffen und Mißerfolgen, dazu hilft uns der Heilige Geist. Wir sollten ihn oft bitten, daß er uns mit seiner Liebe erfüllt und uns fähig macht, sie an andere weiterzugeben. Der liebende Mensch ist der überzeugendste Mensch.

Beten wir immer wieder mit allen Christen guten Willens: „Komm, Heiliger Geist! Erfülle unsere Herzen, und entzünde in ihnen das Feuer deiner Liebe!"

Maria als gute Lehrmeisterin

Der Gott der Hoffnung und der Freude hat „die Mutter Jesu dem wandernden Gottesvolk als Zeichen der sicheren Hoffnung und des Trostes“ gegeben, wie das Zweite Vatikanische Konzil sagt. Darauf folgt der Satz: „Dieser Heiligen Synode bereitet es große Freude und Trost, daß auch unter den getrennten Brüdern solche nicht fehlen, die der Mutter des Herrn und Erlösers die gebührende Ehre erweisen.“[43] Von dieser Tatsache ausgehend, sprach ich im Anschluß an ein Wort des Reformators Johannes Calvin im „Jahr der Frau“ 1975 im Südwestfunk über „Maria als gute Lehrmeisterin“, von der Martin Luther sagt, daß „wir sie ehren sollen als die Mutter Gottes“[44].

1. Maria, die Jungfrau

Hier stoßen wir auf ein Problem, das auch gläubigen Christen zu schaffen macht. Ist das miteinander zu vereinbaren: Jungfrau und Mutter? Und ist denn Mutterschaft nicht ein Wert, der über dem einer Jungfrau steht, erst recht, wenn wir jetzt, vielleicht mit Recht, an die eine oder andere vertrocknete oder gar bösartige alte Jungfer denken? Ohne Zweifel ist Mutter ein hoher Wert, und Maria war Mutter, Mutter des Herrn und Heilands Jesus Christus. Aber auch Jungfrau ist ein hoher Wert. Paulus sagt: „Sie sorgt sich um die Sache des Herrn“ (1 Kor 7,34); so ist sie auch frei für den ungeteilten Dienst im Herrn. Denken wir nur an die Ordensfrauen und Diakonissen, die sich ganz verzehren im Dienst an den Armen, den Kranken, den Schwerbehinderten. Sie alle haben ihr Vorbild in Maria der Jungfrau, die nichts anderes sein wollte als „die Magd des Herrn“ (Lk 1,38) und die sprach: „Was er – Jesus – euch sagt, das tut!“ (Jo 2,5).

Gerade weil das Wort „Jungfrau“ in seinem eigentlichen und tiefen Sinn heute bei so vielen Leuten nur geringen Kurswert hat, müssen wir uns wieder gründlich darauf besinnen, was die Menschheit verliert, wenn es keine Jungfrauen mehr gibt. Niemand mehr, der sich in Zucht hält und rein bleibt bis zur Erfüllung der Hingabe in der unauflöslichen Ehe. Scheitern nicht auch gerade deshalb so viele Ehen, weil man vor der Ehe schon alles haben wollte und nachher die große Ernüchterung und Langweile eintritt? – Wenn es niemand mehr gäbe, der auf das hohe Gut der Ehe verzichtet, um eben frei zu sein für den schon erwähnten Dienst oder gar für die ungeteilte Hingabe an Gott in Anbetung und Sühne für die haushohe Schuld der Menschheit; um mit Paulus zu sprechen: „Für den Leib Christi, die Kirche, erfülle ich in meinem irdischen Leben das Maß seiner Leiden" (Kol 1,24).

Es ist nicht von ungefähr, daß sich evangelische Jungfrauen unter Klara Schlink 1947 zum Sühneorden und diakonischem Werk der Darmstädter Marienschwestern zusammengefunden haben. Sie haben Luthers Wort wohl verstanden, der in einer Predigt sagte: „Aber diese – Maria – ist Jungfrau und bleibt es!"[45] Und Johannes Calvin sagt: „Die Jungfrau Maria ist uns eine gute Lehrmeisterin."[46]

2. *„Du Begnadete"*

In dieser Betrachtung wollen wir nachdenken über das Grußwort des Engels, das im Lukasevangelium steht: „Sei gegrüßt, du Begnadete, der Herr ist mit dir!" (1,28). Wir kennen dieses Wort „begnadet" und sagen es staunend und bewundernd: etwa ein begnadeter Arzt, ein begnadeter Künstler. Da schwingt aber noch etwas mit in dem Gruß, der dieser jungen Frau entboten wurde. Martin Luther hat das gut gespürt, wenn er schreibt: „Und ich hätte das beste Deutsch hier nehmen sollen und den Gruß also verdeutschen: Gott grüße dich, du liebe Maria – du holdselige Maria, du liebe Maria."[47] – Ich will nicht verschweigen, daß sich der Reformator hier und auch sonst öfters wehrt gegen die im katholischen Bereich übliche Übersetzung: „Du Begnadete" oder gewöhnlich: „voll der Gnade", wiewohl auch er schreibt: „Sei gegrüßt, du Gnadenreiche" und: „Laß sie sagen: du gnadenvolle Maria."[48] Auf jeden Fall schwingt das Wort „Liebe" mit und erst recht das Wort „Freude".

Und gerade darum geht es uns. Da ist also eine Frau, an der Gott seine reine Freude hat. „Sei gegrüßt!" heißt ja in der griechischen Sprache der Bibel „Freue dich“ oder „Freude sei mit dir!“ Maria hat auch allen Grund zur Freude, denn in ihr ist nichts, was sich gegen Gott stellt. Das ist ja unser aller Problem, der Grund für unsere seelische Not bis zur Krankheit, die nach dem Seelenarzt, nach dem Psychotherapeuten schreit. Wir stimmen weithin nicht überein mit dem Urbild Mensch, das Gott nach seinem Bild geschaffen hat und an dem er seine Freude hat.

In Maria aber steht ein Mensch vor uns, der uns gerade deshalb so anzieht, weil er eben stimmt; weil er ungebrochen ist, ohne Fehler und Sünde. Der frühe Luther predigte – und er hat recht damit –: „daß Maria als einziger Tropfen aus dem Meer des gesamten Menschengeschlechtes bewahrt worden ist“ (1516)[49].

Aber auch in seinen letzten Jahren (1543/44) schreibt er noch von „der unversehrten Jungfrau von fleckenloser und unberührter Keuschheit“ und fügt hinzu: „Es ist dies ein frommer Gedanke und (er) gefällt.“[50]

Er sollte auch uns gefallen. Nichts brauchen wir so sehr wie Vorbilder! Vor einiger Zeit war ich im Zimmer eines jungen Mannes. Alle Wände und die Decke waren beklebt mit seinen Vorbildern: Rennfahrern und rassigen Mädchen. Damit zeigt er klar an, was er sucht; er will so werden wie seine Helden, und er sucht eine ganze Frau. Ob er sie wohl unter den Bildern aus den Illustrierten findet?

Was er eigentlich sucht und was wir alle suchen, ist eine Frau, die wir lieben können. Maria ist diese Frau, und wenn wir sie lieben, dann haben wir einen richtigen Maßstab, einen den Gott selber uns anbietet, wenn er Maria grüßen läßt: „Du Begnadete“ oder, wenn Sie wollen, in Luthers Übersetzung: „Du holdselige Maria, du liebe Maria!“

3. *„Selig bist du, die du geglaubt hast!“*

Jeder Mensch braucht Vorbilder, nach denen er sich richten kann. Ich stelle Ihnen in diesen Betrachtungen die Mutter Jesu als Vorbild vor und benütze dabei absichtlich auch Aussagen Luthers und anderer Reformatoren, die sich ja nicht grundsätzlich gegen Maria erklärt haben. Wie sollten sie auch, da doch die Bibel Großes von ihr berichtet. Sie haben sich wohl gegen Auswüchse der Marienverehrung gewandt, allerdings auch gegen gute Traditionen der katholischen Kirche. Aber es bleibt doch stehen, daß sie vor allem den Glauben Marias bewundert haben.

Im Augsburger Verhör 1518 formuliert Luther das so: „Die heilige Jungfrau würde den Sohn Gottes niemals empfangen haben, wenn sie nicht der Verkündigung des Engels geglaubt hätten, daß es so geschehen werde, so daß sie sagte: ‚Mir geschehe, wie du gesagt hast'; wie Elisabeth sie preist: ‚Selig bist du, die du geglaubt hast; denn es wird vollendet werden, was dir vom Herrn gesagt ist' (Lk 1,38 u. 45). Und daher bewundert ihren Glauben ... die ganze Kirche."[51]

Glauben – das ist eines der ganz großen Probleme unserer Zeit. Man sagt: Früher, ja früher, da habe es noch die gläubigen Mütter, die Männer und Frauen gegeben, die täglich in der Bibel lasen oder zur Messe gingen. Und gar zur Zeit Marias – da war das Glauben doch selbstverständlich. Aber heute! Warum soll ich denn glauben? Soviel Ungerechtigkeit in der Welt, soviel persönliche Enttäuschung, so viele „wissenschaftliche Beweise" gegen Gottes Dasein. Und dann die Sache mit Jesus und seinen Wundern, mit seiner Auferstehung. Nein, ich kann nicht und ich mag nicht glauben!

Vorsicht! Die Bibel ist voll von Beispielen des Zweifels, der Not des Glaubens und des offenen Unglaubens. Da stehen doch mitten unter den Aposteln der feige Petrus und der ungläubige Tomas. So heil ist auch die Welt der Bibel und der Vorzeit nicht, als daß wir daraus den Schluß ziehen dürften: Die, ja – wir, nein. Glauben ist gewißlich allemal eine Gabe Gottes, der uns die Augen öffnet. Bei einem russischen Gefallenen fand man einen Zettel, auf dem unter anderem stand: „Hörst du mich, Gott? Noch nie im Leben sprach ich mit dir. Doch heute, heute will ich dich begrüßen. Du weißt, von Kindestagen an sagte man mir, dich gebe es nicht. Und ich, ich glaubte es, Narr, der ich war. – Sonst weiß ich dir nichts zu sagen, nur, daß ich so froh wurde, als ich dich erkannte."[52]

Nicht jeden trifft jeden Tag eine solche Erkenntnis, die ihn zum Glauben führt. Aber Gott läßt sich finden, wenn wir ihn um den Glauben bitten. Auch Marias Glauben war großen Belastungen ausgesetzt, von der Krippe bis zum Kreuz, aber sie hielt durch. Sie fragte: „Wie soll das geschehen, da ich mit keinem Mann zusammenlebe?", und sie fragte: „Kind, warum hast du uns das angetan?" Es gibt keinen Glauben ohne harte Proben. Luther, der das ja erfahren hat, sagt: „Die Versuchung ist verbunden mit dem Zweifel."[53] Wer aber solche Versuchungen besteht, wird fest im Glauben. Und nochmals Martin Luther: „Wer nicht glaubt, kann sich nicht freuen."[54]

Das Wort „Mutter“ hat für uns einen besonderen Klang. Mit keinem Menschen sind wir, mindestens körperlich, so eng verbunden wie mit unserer Mutter; das Zeichen dieser Bindung tragen wir lebenslang. Nun ist es merkwürdig, daß gerade der Ehrenname Marias „Mutter Gottes“ bei vielen Christen auf so entschiedene Ablehnung stößt. Und doch sagt Luther: „Darum, in einem Wort, hat man alle ihre Ehre begriffen, so man sie Gottes Mutter nennet; kann niemand Größeres von ihr noch zu ihr sagen.“[55] Und ein anderes Mal: „So sind Mutter und Jungfrau eine Person. – Dort ist nicht nur der Ruhm, daß sie Mutter und Jungfrau, daß sie Mutter des Gottessohnes ist, sondern auch das ewige Heil. – (Sie) bleibt eine ewige, heilige, selige Mutter in Ewigkeit.“[56]

Erste Frage: Wie kam es, daß dieser Glaube, nicht nur Luthers, sondern auch Calvins und Zwinglis und anderer Reformatoren bei so vielen nichtkatholischen Christen keine Zustimmung mehr findet? Zunächst ist festzustellen, daß die Hauptursache im Vernunftglauben der Aufklärungszeit liegt, der, ähnlich wie auf katholischer Seite, kein Verständnis mehr für solche Aussagen des biblischen Glaubens hatte. Aber wenden wir uns der Gegenwart zu. Auch im katholischen Raum, in der nachkonziliaren Kirche, wird Maria, die Mutter Gottes, von vielen, wenn auch nicht gerade abgelehnt, so doch nicht mehr geehrt. Das hat tiefe Gründe. Einmal die Welle der zweiten Aufklärung. Dann ein fast psychopathisch gestörtes Verhältnis zur eigenen Mutter bei vielen nicht ausgereiften Menschen. Und schließlich der bekannte Bruch mit der Geschichte überhaupt, der heute gerade bei jungen Menschen zutage tritt.

Und eine zweite Frage: Warum sollte denn die junge Frau, die Jungfrau Maria eigentlich nicht die Mutter des Sohnes Gottes sein dürfen? Machen wir uns da nicht einen begrifflichen, einen abstrakten Gott zurecht, ohne Liebe, kalt in seiner überweltlichen Einsamkeit? Und bestimmen wir vielleicht, was Gott tun darf und nicht? Wenn Gott aber wirklich der souverän Freie schlechthin ist und wenn er, wie die Bibel sagt, „die Liebe ist“ (1 Jo 4,8), warum sperren wir uns dann dagegen, daß er zu uns kam als Mensch, „geboren von einer Frau“ (Gal 4,4), uns so menschlich nah als unser Bruder? – Der scharf denkende Reformator Calvin sagt gerade im Zusammenhang mit den Bedenken der Vernunft gegen den Glauben: „In den Worten der Jungfrau

Maria: ‚Mir geschehe nach deinem Wort!‘, zieht sie die Schlußfolgerung – daß nämlich Gott nichts unmöglich ist. – Die selige Jungfrau erlaubt sich keine weitere Widerrede.“[57] Soweit Calvin.

Dritte und letzte Frage: Hat der lutherische Theologe Hans Asmussen recht, wenn er schreibt: „Ist Maria nicht die Mutter Gottes, dann hat die Kirche aller Zeiten sich geirrt“?[58] – Ich möchte mit Huldreich Zwingli sagen: „Und so ich jemand fragte: ‚Was ist das Größte an Maria?‘, weiß ich wohl, er müßte antworten: ‚Daß sie uns den Sohn Gottes, der uns erlöst, geboren hat.‘“[59]

5. *Maria, die leidgeprüfte Frau*

Ich will Sie nicht erschrecken, wenn ich daran erinnere, daß zum menschlichen Leben auch das Leid gehört. Ich grüße besonders alle die unter Ihnen, die irgendein seelisches oder körperliches Leiden haben, und möchte Ihnen, aber auch all denen, die im Augenblick froh und zufrieden sind, Maria als die leidgeprüfte und doch so starke Frau vorstellen. Ich greife zwei leidvolle Ereignisse aus ihrem Leben heraus. Einmal die Begegnung mit dem alten Simeon im Tempel zu Jerusalem; er sagte zu Maria: „Dir selbst wird ein Schwert durch die Seele dringen“ (Lk 2,35).

Der Reformator Johannes Calvin meint dazu: „Die heilige Jungfrau brauchte diese Andeutung, damit sie nach ihrem Jubel über die fröhlichen Anfänge (wie es meist zu geschehen pflegt) nicht weniger vorbereitet ist, um schwere Ereignisse ertragen zu können.“[60] Gilt das nicht auch uns? Wir dürfen ja nicht einfach in den Tag hineinleben, sondern müssen damit rechnen, daß irgendwann auch unsere Seele ein Schwert durchdringt. Es gehört zum Reifwerden eines Menschen, daß er das Leid und den Tod einplant in sein Leben und daß er lernt, dazu ja zu sagen.

Das zweite Ereignis, das Maria überaus hart getroffen hat, war der Kreuzestod ihres Sohnes. Aber sie ist dabei geblieben, wie es im Evangelium des Johannes heißt: „Bei dem Kreuz Jesu stand seine Mutter“ (19,25a). Martin Luther hat darüber in einer Predigt folgendes gesagt: „Das Leiden ihres Sohnes hat sie mit besondern Schmerzen und Herzeleid geschaut. Hier wird erfüllt, was der alte Simeon geweissagt hat. – Sie muß sehen, daß ihr Sohn – an Händen und Füßen durchnagelt, am Kreuz hängt. Das wird ihr Herz sehr gekränkt und gequält haben. Es muß ein hartes Jungfräulein gewesen sein, daß sie nicht gestorben ist vor Schmerzen. Der Heilige Geist hat ihr Herz erleuchtet und gestärkt, daß sie solchen Anblick und Jammer hat ertragen können. Andere Mütter wären dahingesunken und ohnmächtig geworden, wenn sie hätten sehen und erfahren müssen, was diese Mutter sieht und erfährt; aber, wie gesagt, der Heilige Geist hat sie gestärkt."[61]

Das Bild Marias unter dem Kreuz, so gut biblisch bezeugt und von den Reformatoren so innig gedeutet als Zeichen der Glaubenskraft und Stärkung durch den Heiligen Geist, soll auch uns begleiten, wenn, menschlich gesprochen, untragbares Leid uns trifft. Christlich gesehen, ist es Teilnahme am Leiden Christi, ohne die wir dem Herrn nicht wirklich nachfolgen können. Wir müssen solche Gedanken und Einsichten in uns wachhalten, damit wir die Stunden des Leidens bestehen können.

Ich möchte abschließen mit einem Predigtwort Huldreich Zwinglis: „Und so du ein Ave Maria betest, so denke daran, daß (Maria), die mit so großer Gnade und Ehre von Gott beschenkt wurde, deswegen nicht weniger arm gewesen ist. (Sie) hat Verfolgung, Schmerzen und Elend leiden müssen, in welchen Dingen allen sie aber standhaft geblieben ist. – Du mußt stetsfort daran denken: Hat solches die Mutter Gottes erlitten, wer bist denn du, daß du darüber sein willst?"[62]

6. *„Mich preisen selig alle Geschlechter!"*

Ich habe diese Betrachtungen über Maria unter ein Wort des Reformators Johannes Calvin gestellt: „Sie ist uns eine gute Lehrmeisterin", und dabei immer wieder Luther, Zwingli und Calvin zu Wort kommen lassen, weil ich weiß, daß viele nichtkatholische Christen an der Marienverehrung der römisch-katholischen und orthodoxen Christen Anstoß nehmen; weil ich aber auch weiß, daß viele Katholiken von heute mit Maria nichts Richtiges mehr anfangen können, zumal wenn sie übersteigerten und wundersüchtigen Auswüchsen der Marienverehrung begegnen. Vielleicht ist es gut für uns alle, Katholiken, Protestanten und der Kirche Fernstehende, zu hören, was das letzte Konzil der katholischen Kirche dazu gesagt hat: „Die Heilige Synode ermahnt die Theologen und die Prediger des Gotteswortes eindringlich, sich ebenso jeder falschen Übertreibung wie zu großer Geistesenge bei der Betrachtung der einzigartigen Würde der

Gottesmutter zu enthalten. – Sorgfältig sollen sie vermeiden, was in Wort, Schrift oder Tat die getrennten Brüder oder jemand anderen bezüglich der wahren Lehre der Kirche (über Maria) in Irrtum führen könnte."[63]

Abschließend wollen wir noch etwas über das Preisen und Rühmen, über das Loben und Danken im Zusammenhang mit der Jungfrau und Gottesmutter Maria nachdenken. Es ist ja urmenschlich und ganz biblisch, einen geliebten Menschen zu ehren und zu preisen. Nun singt sogar Maria selbst in ihrem Danklied: „Siehe, von nun an preisen mich selig alle Geschlechter! Denn der Mächtige hat Großes an mir getan, und sein Name ist heilig" (Lk 1,48–49). Darum ist ihr Lob in der Kirche nie verstummt, angefangen von den biblischen, wenn auch kurzen Berichten über sie, von den ältesten Vätern der Kirche bis zu Martin Luthers innigem Marienlied, dessen erste Strophe ich Ihnen, trotz der sprachlichen Schwierigkeiten, doch vorlegen will:

„Sie ist mir lieb, die werte Magd,
und kann ihr nicht vergessen.
Lob, Ehr und Zucht man von ihr sagt,
sie hat mein Herz besessen.
Ich bin ihr hold,
und wenn ich sollt
groß Unglück han,
da liegts nicht an;
sie will mich des ergetzen
mit ihrer Lieb und Treu an mir,
die sie zu mir will setzen
und tun all mein Begier."[64]

Von der zweiten Strophe ab besingt dieses Lied allerdings die Kirche; aber auch damit steht Luther in einer großen Tradition, die Maria als Urbild und Vorbild der Kirche sieht[65]. Schon Augustinus sagt in einer Predigt: „Heilig ist Maria, selig ist sie. Aber glücklicher noch als Maria ist die Kirche. Wieso dies? Weil Maria ein Teil der Kirche ist, ein heiliges Glied, ein hervorragendes Glied, ein mehr als erhabenes Glied zwar, aber doch ein Glied des ganzen Leibes."[66]

Auch in seiner Auslegung des „Magnifikat", des Preisliedes Marias, hat Luther so viel Schönes über das Lob Marias gesagt, daß alle Christen ihm dafür dankbar sein sollten. Johannes Calvin endlich hat in einer scharfen Auseinandersetzung über die

Auswüchse der Marienverehrung mit den Katholiken doch geschrieben: „Laßt uns das rechte Lob der heiligen Jungfrau lernen! – Wenn wir diesen Gesang (das Magnifikat) uns so zunutze machen, wie er gemeint ist, dann legen wir dar, daß die Jungfrau Maria Jesus Christus nicht nur im Leibe, sondern auch im Herzen, im Geist und in all ihren Sinnen getragen hat und daß sie mit vielen Tugenden erfüllt war."[67] So ist sie gewiß „eine gute Lehrmeisterin" für alle Christen!

Anmerkungen

[1] Karl Hermann Schelkle, Der zweite Brief an die Korinther, Düsseldorf 1964, S. 92.
[2] Johann Baptist Hirscher, Die christliche Moral III, Tübingen ^{4}1845, S. 119ff.
[3] Max Scheler, Gesammelte Werke III, Bern ^{4}1955, S. 21.
[4] Ebd., S. 17–18.
[5] Bernhard Häring, Das Gesetz Christi III, Freiburg 1961, S. 80.
[6] Ebd., S. 80.
[7] Joseph Bonsirven, Épitre aux Hébreux, Paris ^{5}1943, zitiert in: Otto Kuß, Der Brief an die Hebräer, Regensburg 1953, S. 111.
[8] Otto Kuß, ebd., S. 34.
[9] Walter Grundmann, in: Theologisches Wörterbuch zum Neuen Testament II, Stuttgart 1935, S. 23.
[10] Emanzipation als Erlösung?, in: Herder-Korrespondenz 27 (1973), S. 64–67; hier: S. 65.
[11] Charles Condren, in: Henri Bremond, Histoire littéraire du sentiment religieux en France III, Paris 1929, S. 418.
[12] Mario von Galli, Gelebte Zukunft: Franz von Assisi, Luzern und Frankfurt a.M. ^{6}1972.
[13] Friedrich Hauck, in: Theologisches Wörterbuch zum Neuen Testament IV, Stuttgart 1942, S. 589.
[14] Bruno Pehl, Berauscht von Jesus, in: Christ in der Gegenwart 25 (1973), S. 279–80.
[15] André Frossard, Gott existiert, Herderbücherei 435, Freiburg ^{3}1974, S. 136–137.
[16] Charles Péguy, Das Mysterium der Hoffnung, Darmstadt – Frankfurt a. M. 1929, S. 179.
[17] Augustinus, Confessiones, Zehntes Buch, Kapitel 20–30 in Auswahl, München 1955, S. 533–555.
[18] Dietrich Bonhoeffer, Gesammelte Schriften I, München 1958, S. 61.
[19] Ebd., IV, S. 439–40.
[20] Ebd., IV., S. 440
[21] Ebd., IV., S. 438.
[22] Ebd., IV., S. 439.
[23] Dietrich Bonhoeffer, Ich bin nicht mehr allein, München 1971, zit. bei Heinrich Bacht, Zeiten des Herrn, Frankfurt a.M. 1972, S. 121–22.
[24] Dietrich Bonhoeffer, zit. bei Walter Nigg, Gebete der Christenheit, Hamburg ^{2}1952, S. 230.
[25] Teresia Renata de Spiritu Sancto, Edith Stein, Herderbücherei 3, Freiburg ^{7}1961, S. 55.
[26] Hilda Graef, Edith Stein, Frankfurt a.M. 1958, S. 177.
[27] Ebd., S. 296.
[28] Ebd., S. 299.
[29] Dag Hammarskjöld, Zeichen am Weg, München/Zürich 1965, S. 11.

[30] Ebd., S. 11–12.
[31] Ebd., S. 13.
[32] Ebd., S. 160.
[33] Ebd., S. 171
[34] Ebd., S. 165.
[35] Ebd., S. 91.
[36] Peter Trummer, Gewalt und Gewaltlosigkeit, in: Wort und Wahrheit, 26 (1971), S. 516.
[37] Johannes Horst, in: Theologisches Wörterbuch zum Neuen Testament IV, Stuttgart 1942, S. 383.
[38] Ebd., S. 386.
[39] Ebd., S. 385.
[40] Günther Harder, ebd. VII, Stuttgart 1964, S. 565–67.
[41] Ebd., S. 567.
[42] Walter Grundmann, ebd. III, Stuttgart 1938, S. 484–85.
[43] Dogmatische Konstitution über die Kirche, Nr. 68 u. 69, in: Karl Rahner – Herbert Vorgrimler, Kleines Konzilskompendium, Herderbücherei 270, Freiburg ^{8}1972, S. 196.
[44] Walter Tappolet (Hrsg.), Das Marienlob der Reformatoren, Tübingen 1962, S. 124.
[45] Ebd., S. 51.
[46] Ebd., S. 181.
[47] Ebd., S. 21.
[48] Ebd., S. 20–21.
[49] Ebd., S. 26.
[50] Ebd., S. 32.
[51] Ebd., S. 59.
[52] Zit. in: Volksschott, Lesejahr A, Freiburg 1974, S. 494.
[53] Tappolet, S. 64.
[54] Ebd., S. 63.
[55] Ebd., S. 36.
[56] Ebd., S. 40.
[57] Ebd., S. 181 u. 183.
[58] Hans Asmussen, Maria, die Mutter Gottes, Stuttgart 1950, S. 5.
[59] Tappolet, S. 237.
[60] Ebd., S. 186.
[61] Ebd., S. 65.
[62] Ebd., S. 238.
[63] Wie Anm. 43, Nr. 67, S. 195–96.
[64] Tappolet, S. 141.
[65] Wie Anm. 43, Nr. 63, S. 193.
[66] Augustinus, Sermo 25, 8, in: Neues Stundenbuch 2, Ergänzungshefte 8, Freiburg 1973, S. 187–88.
[67] Tappolet, S. 199–200.

Wer glaubt, denkt weiter

Briefkurs für fragende Menschen
Herausgegeben von der Projektgruppe Glaubensinformation

Herderbücherei Band 550, 176 Seiten, 2. Auflage

Es ist keine Selbstverständlichkeit, an Gott zu glauben. Ideologien, Schlagworte, Irrtümer und Vorurteile haben heute viele Menschen verunsichert.
Andrerseits können wir täglich erfahren, wie stark das Interesse an religiösen Fragen ist:
Man will wissen, was das Christentum will, was es als Wahrheit vertritt, wie es sich mit der Naturwissenschaft auseinandersetzt oder was es für den Sinn des Lebens hält. Der Informationsrückstand ist erheblich.
Darum wollen die Autoren dieses Buches in 17 Briefen darüber Auskunft geben, wie sie den christlichen Glauben verstehen und erklären und was er für ihr eigenes Leben sowie für die Aktionen ihrer Gruppe bedeutet.
Das Buch soll eine Informations- und Glaubenshilfe sein: sowohl für die eigene Orientierung als auch für Gespräche mit anderen.